Un Verano con los Duendes

UNA HISTORIA REAL

Título original: SUMMER WITH THE LEPRECHAUNS

© De la edición original
1997 Tanis Helliwell

© Edición en español
2008 Editorial Sirio, S.A.
Traducido del inglés por Miguel Portillo

© Edición revisada
2020 Tanis Helliwell
Revisión por Ornella Quinteros

«Todos los derechos reservados. El presente libro no se podrá reproducir, almacenar en un sistema de recuperación ni transmitir, total ni parcialmente, de ninguna forma y por ningún medio, ya sea electrónico o mecánico sin el expreso permiso de la editorial con la excepción de los críticos, quienes podrán citar breves extractos en sus reseñas.».

Diseño de portada: Carol Sill y Maywood Design

ISBN: 978-1-987831-27-6 (IngramSpark)

Publicado por Wayshower Enterprises

https://www.iitransform.com/

Si piensas que los leprechauns no son más que extraños habitantes de las anticuadas fantasías irlandesas, vuelve a pensártelo. Tanis Helliwell conecta con «la gente pequeña» estableciendo un importante intercambio interdimensional y documenta su influyente presencia en el aquí y ahora. Al tiempo que ofrece todo el deleite de un cuento de hadas de la vida real, Un verano con los duendes *plantea algunas consideraciones ominosas con respecto a nuestro futuro planetario.*

—Joe Fischer, autor de The Case for Reincarnation, Life Between Life y Hungry Ghosts.

Este libro maravilloso no solo es divertido de leer, sino que nos brinda conocimientos inteligentes e interesantes acerca de la realidad y de cómo funciona esta parte tan especial del mundo natural. Nos permite abrir nuestras mentes a dimensiones fascinantes que existen en el planeta.

—Dorothy Maclean, *cofundadora de Findhorn y autora de* To Hear the Angels Sing

Abrir este libro abre una puerta en la imaginación... y trae un mensaje de prioridades planetarias.

—Julie Cameron, *autora de An Artist's Way.*

Este libro está dedicado a todos los servidores del mundo: humanos, angélicos y elementales, que trabajan para sanar la Tierra y traer amor, armonía y comprensión a todos los seres.

Agradecimientos

Aunque sólo figura mi nombre como autora, quiero reconocer mi deuda tanto con mi amigo leprechaun como con otros seres que me enseñaron sobre los elementales. Asimismo, deseo dar las gracias de manera especial a los amigos irlandeses que me acogie- ron y cuyas identidades no revelaré para preservar su intimidad.

Doy las gracias a Patrick Crean, Joe Fisher y Jean Houston por ayudarme a hacer este libro y por animarme a contar mi historia con la gente menuda, así como a todos los amigos que me han ido preguntando cómo iba el libro cuando ni siquiera lo había empezado.

Además, reconozco una profunda deuda con Nita Álvarez, Alvin Hamm, Christopher McBeath, Olga Sheean, Ellen Andersen y Nancy Flight, cuyos comentarios y anotaciones han hecho que este libro sea legible para todas las edades y procedencias.

Quiero dar las gracias a David Suzuki, Tara Cullis, y Ann y Harper Graham por proveerme generosamente de pacíficas casitas junto al mar donde poder escribir.

Quiero dar un especial agradecimiento a Ornella Quinteros por su maravilloso trabajo de reedición de Un Verano con los Duendes para esta nueva edición revisada en español.

Por último, quiero dar las gracias a mi madre, Margaret Helliwell, que me dio mi sangre irlandesa y el amor por todo lo irlandés, y cuya escucha de esta historia leída en voz alta ha pulido el libro como una joya.

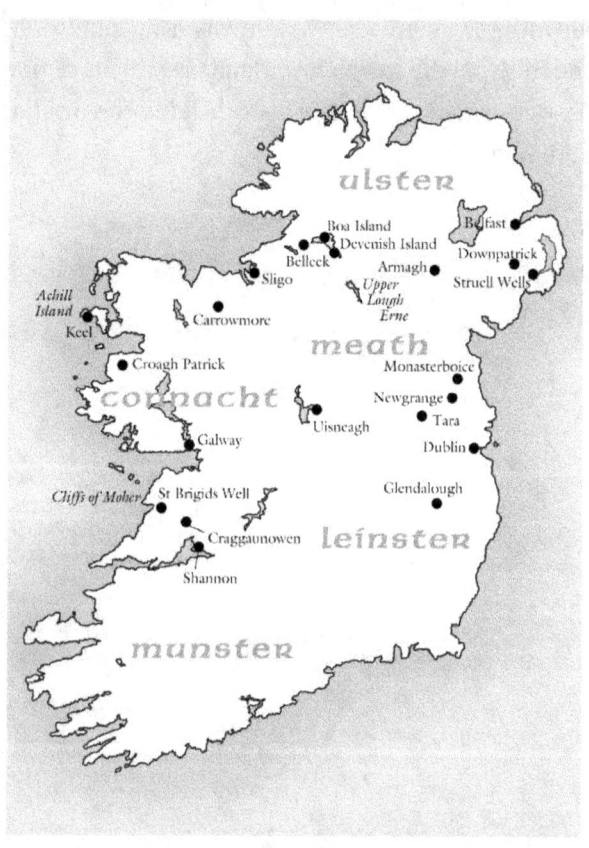

Mapa del tour místico por Irlanda

Prefacio

En 1985 pasé un verano en Irlanda, donde viví en una vieja casita ocupada por leprechauns. Estos seres tan raramente vistos me instruyeron sobre la evolución de los elementales, la raza a la que pertenecen los leprechauns, elfos, goblins, gnomos, trolls, hadas y devas. Ellos me explicaron su interdependencia con los seres humanos y me apremiaron a que, mediante este libro, difundiera el mensaje de que los seres humanos y los elementales tenemos que trabajar juntos para sanar la Tierra. Aunque mi primera experiencia con los leprechauns tuvo lugar en Irlanda, ellos y otros elementales han pasado a formar parte de mi vida cotidiana. Existen elementales en todo el mundo, y como pueden viajar en el espacio y en el tiempo, si los llamamos pueden visitarnos dondequiera que estemos.

Un verano con los duendes ha sido publicado en ocho países y recibo mails todos los días de parte de tanto jóvenes como adultos que se conmovieron con esta historia. Este libro contiene un nuevo prefacio, un mensaje del leprechaun, y ha sido reeditado para que oigas la voz del leprechaun tal como yo. Esta nueva edición te conduce a un segundo libro, *Pilgrimage with the Leprechauns: a true story of a mystical tour of Ireland* donde, si quieres, podrás descubrir mis continuas aventuras con el leprechauns y con sus amigos elementales.

En este punto es posible que el lector se pregunte por mi estabilidad mental. Después de todo, ¿no se nos ha enseñado que los elementales, los ángeles y cualquier cosa que no esté anclada en la realidad tridimensional no existe? Entiendo este dilema, y creo que necesitamos una conciencia crítica bien desarrollada para poder separar la fantasía de la realidad. Sin embargo, si estamos abiertos a mirar, existen pruebas abrumadoras de la existencia de los elementales. Hace cien años, W. B. Yeats, en su introducción a *Cuentos de hadas y folclore de los campesinos irlandeses*, escribió sobre las hadas afirmando que «en Irlanda aún existen, dan regalos a los bondadosos, e incomodan a los ariscos». Mientras reunía sus historias, preguntó a Paddy Flynn: «¿Has visto alguna vez un hada o algo parecido?». Y Paddy respondió: «Yo no estoy enfadado con ellas», y empezó a contarle sus experiencias.

Pero los elementales no viven únicamente en Irlanda. Casi todas las culturas del mundo cuentan leyendas e historias sobre ellos. En Islandia, una encuesta reciente mencionada en *The Globe and Mail*, el principal periódico de Canadá, indicaba que el 22% de los islandeses creen en los elfos. El alcalde Ingvar Viktorsson de Hafnarfjordur dice: «Sabemos desde hace mucho tiempo que otra sociedad coexiste con la humana; es una comu- nidad oculta de la mayoría de la gente, cuyos habitáculos se encuentran en muchas partes de la ciudad, en las extensiones de lava y en los acantilados que la rodean. Estamos convencidos de que los elfos, la gente oculta y otros seres que viven allí tienen una disposición favorable hacia nosotros».

Y la creencia en los elementales no se limita a los pueblos europeos, ya que muchas de las culturas nativas también creen en ellos. Los maoríes de Nueva Zelanda llaman a los elementales más antiguos Los Hijos de la Niebla o Patupairehe. Los Hijos de la Niebla son delgados y tienen el pelo rubio, y los ancianos maoríes cuentan que vivían en Nueva Zelanda mucho antes de la llegada de su gente. Los maoríes también creen en otros tipos de elementales como los que llaman Nanakia, que son similares a los elfos, están asociados con los árboles y se encuentran frecuentemente en los bosques.

PREFACIO

En mi vida ha habido demasiadas «pruebas» de la existencia de estos seres para negar su realidad. Recuerdo la primera vez que me di cuenta de que podía ver y oír cosas que la mayoría de la gente no ve ni oye. De niña, vivía en muchos mundos simultáneamente y era consciente de voces en el viento y de seres elementales que veía con el rabillo del ojo. En aquel tiempo no me daba cuenta de que los demás no percibían a estos seres, de modo que nunca cuestionaba mis capacidades ni hablaba de ellas. No fue hasta que tuve siete años que me percaté de que estaba abierta de un modo distinto a la mayoría de la gente. El día que tomé conciencia de ello sufrí una conmoción.

Iba caminando hacia la escuela con dos amigas. Sabía que yo le caía bien a una de ellas, pero no a la otra. La niña a la que le caía mal me decía cosas amables en voz alta, pero, en sus pensamientos, deseaba que yo no estuviera allí.

Sintiéndome herida, le pregunté: «¿Por qué estás pensando una cosa y diciendo otra?». Y entonces repetí literalmente las palabras que ella había pensado.

Ambas niñas me miraron aterrorizadas. La que había tenido los pensamientos desagradables me miró con miedo y con odio. La otra niña, que hasta ese momento había sido amiga mía, ahora tenía miedo de mí y pensaba que era peligrosa. Entonces entendí que el resto de la gente no oye los pensamientos; sólo oyen las palabras. Supe inmediatamente que aquellas niñas no querían ser amigas mías.

Conmocionada, aquella misma noche decidí hacer una prueba para ver si mis padres podían oír mis pensamientos. Durante la cena dije una cosa y pensé exactamente la contraria para comprobar si ellos se daban cuenta. Decepcionada, noté que mis padres sólo podían oír mis palabras.

En ese momento decidí que, si quería que los demás me aceptasen, tenía que ser como ellos. Por lo tanto, a la edad de siete años, desarrollé mi propio sistema ético, según el cual oiría y vería a la gente hasta el punto que ellos desearan ser oídos y vistos. Por desgracia, en el mismo acto me cerré a las voces y visiones que habían llenado mi infancia de magia y maravilla.

No creo que mi historia sea única. Pienso que muchos niños ven seres elementales –como hadas y elfos– y que muchos de estos seres son los amigos «especiales» que, en opinión de los padres, sólo están en su imaginación. La historia de Peter Pan tiene un gran atractivo para los niños porque ilustra su conexión con el mundo mágico de los elementales, y el mensaje de que al llegar a la edad adulta tendrán que cortar esta conexión. No obstante, algunas personas adultas siguen estando abiertas a ver y oír ángeles y elementales. A estas personas se las llama místicos o clarividentes. Según creo, muchos de nosotros podemos volver a abrirnos a ver y oír como cuando éramos niños.

Durante mi niñez y adolescencia, continué experimentando viajes astrales y recibiendo mensajes proféticos mientras dormía. Minimicé esas instancias en mi intento de parecer "normal" hasta que tuve una experiencia cercana a la muerte a los diecinueve años. Poco después de este acontecimiento comencé a meditar y me abrí completamente a otras realidades otra vez.

Mi trabajo interno con seres espirituales para desarrollar la conciencia se extendió a lo largo de quince años, pero rara vez hablaba de ello, y sólo a algunos amigos en los que confiaba. Durante esa época tuve la suerte de encontrar una profesión que me permitía hacer un uso legítimo de mi «intuición». Abrí una consulta psicoterapéutica en Toronto, especializada en la transformación personal. Durante dieciséis años trabajé con individuos que estaban buscando un significado más profundo, el propósito de su alma, y que deseaban descubrir sus verdaderos dones para poder hacer una mayor contribución al mundo. También ofrecí talleres en diversos países en los que enseñaba a la gente a desarrollar las cualidades que yo había adquirido de manera natural. Siempre me he dedicado a enseñar a los demás a desarrollar su propia capacidad para percibir otras realidades en lugar de hacer de médium o canal.

En el año 2000, la experiencia adquirida me condujo a fundar el Instituto Internacional para la Transformación (IIT), con el fin de ayudar a los individuos a desarrollar su conciencia y su inteligencia espiritual para convertirse en cocreadores de acuerdo con las leyes espirituales y naturales para servir a todos los seres y a la Tierra.

¡Pero volvamos a los elementales! Hasta que tuve este encuentro con los leprechauns, no me había comunicado conscientemente con elementales desde mi infancia. A lo largo de mi vida laboral había dedicado mis esfuerzos a comprender cómo desarrollar la conciencia «humana». Los leprechauns y otros elementales me enseñaron sobre su evolución, y me dijeron que en esta época los humanos y los elementales tienen que trabajar conjuntamente para beneficio de ambas evoluciones.

El propósito central de los elementales, según el leprechaun, es trabajar con las leyes naturales a fin de crear un mundo de belleza y diversidad. Los elementales ayudan a las flores a florecer, a los árboles a crecer, e incluso a nuestros cuerpos humanos a vivir. Pero hacen más que eso: también fomentan en los seres humanos la diversión, la chispa y la travesura, estimulando nuestra creatividad y nuestra apreciación de la belleza en todas las artes.

Puedes interpretar *Un verano con los duendes* de muchas maneras. Puedes creer que los leprechauns sólo son figuras del folclore sin ninguna base real. Si es así, te deseo que te diviertas leyendo mi «cuento de hadas».

Otros, aunque nunca hayáis visto leprechauns o hadas,

estáis convencidos de su existencia y os interesa saber más sobre ellos. En vuestro caso, esta historia os proporcionará claves sobre estos seres místicos, explicará su forma de vida y sus dones, y es de esperar que responda a la mayoría de las preguntas que nunca tuvisteis ocasión de plantear.

El tercer grupo es más difícil de definir. Son las personas que se sienten llamadas a trabajar con la naturaleza para ayudar a sanar la Tierra. Tengo la esperanza de que en esta historia podáis encontrar las herramientas que os ayuden a cocrear y a colaborar con los elementales que están buscando humanos comprometidos.

Si podéis disfrutar de *Un verano con los duendes* en cualquiera de estos sentidos, consideraré que el libro ha sido un éxito. Para desterrar los pensamientos depresivos que tan frecuentemente asolan nuestro mundo necesitamos de la risa y de la diversión. Asimismo, aprender más sobre las razas elementales con las que compartimos este planeta nos inspirará a cambiar las creencias y acciones que dañan tanto nuestro mundo como el suyo.

-Tanis Helliwell

El mensaje del leprechaun

Esta es una historia real. Los elementales no tenemos libros en nuestro reino, como vosotros los humanos. Sin embargo, esta es la mejor manera que conocemos para comunicarnos con vosotros. Los elementales estamos buscando humanos que deseen co-crear con nosotros en esta maravillosa Tierra. Espero que nos acompañes en este viaje.

Leprechaun

«Enano o duende del folclore irlandés, usualmente representado como un hombrecillo que revela la ubicación de un cuenco de oro a quien le atrape».

Diccionario Webster

Capítulo I
Encuentro con los leprechauns

En la vida de la mayoría de las personas llega un momento en que sienten la llamada de la sangre. Sus raíces ancestrales empiezan a empujarlas hacia el lugar donde ellas, o sus padres, tuvieron su origen. En mi caso, estas raíces se hallaban en Irlanda. Mi historia empieza en Toronto, Canadá. Mi relación personal, que había durado dieciséis años, se estaba acabando. Habíamos puesto la casa en venta. Mi carrera profesional estaba en un momento de recesión y anhelaba encontrar un significado más profundo a mi vida. Sentí el impulso de hacer un retiro, e Irlanda me atraía. Al tiempo que ocurría esto, una amiga mía iba a ir a ese país y le pedí si podría encontrar un lugar para mi retiro. Quería una casita pequeña alejada de pueblos y ciudades, donde pudiera sentarme a meditar durante el verano.

Tenía un objetivo en mente: iluminarme. Había leído en diversos libros sobre espiritualidad que, si renuncias a tus apegos y te comprometes con el camino espiritual, te iluminas. Yo había renunciado a mi hogar, a mi familia, a mi profesión y ya no podía pensar en nada más a lo que estuviera apegada. Evidentemente, cumplía los requisitos.

Dos meses después mi amiga Elizabeth volvió de Irlanda con muchas ganas de verme. Me dijo que a lo largo de sus viajes había ido preguntando si alguien conocía una casita de campo tranquila que se pudiera alquilar. No había surgido nada hasta la última noche en Dublín, cuando cenaba con una vieja amiga. Su amiga le dijo que sabía de una casita que estaría disponible para el verano. Estaba en la isla de Achill, en la costa oeste de Irlanda.

Después de dos semanas, y tras haberme despedido de mi antigua vida, tomé un avión para Dublín. Sabía que cuando yo volviera, la casa de Toronto se habría vendido y que Bill, mi compañero, ya habría comenzado una nueva vida.

Llegué a Dublín al amanecer de un día laborable y fui a ver al dueño de la casa para pagarle el alquiler y recoger la llave. El señor Davidson era un hombre de negocios inglés, de mediana edad y relativamente exitoso, que llevaba mucho tiempo trabajando en Irlanda. Educado y reservado, me invitó a sentarme.

—Señor Davidson –empecé a hablar teniendo cuidado de observar el protocolo europeo de usar el apellido–, ¿cuánto tiempo ha pertenecido esta casita a su familia?

—Veinte años, pero sólo la usamos durante el verano. El resto del año está vacía, aunque tenemos una vecina, la señora O'Toole, que cuida de ella. Ya la he avisado de su llegada y ella le abrirá la puerta.

Hizo una pausa, se aclaró la garganta y dijo:

—Por desgracia, tengo una mala noticia. Vendimos la casita hace dos semanas. –El corazón se me hundió en el pecho mientras continuaba–. No obstante, la buena nueva es que les he dicho a los nuevos dueños que no podrán hacer uso de ella durante un mes, puesto que la tenía apalabrada con usted. Pero en el plazo de un mes va a tener que buscarse otra cosa.

Estaba anonadada. Me resultaba difícil asimilar lo rápidamente que cambiaban las circunstancias de mi retiro, y aparentemente mi situación no iba a mejor.

Surgieron dos posibilidades en mi mente: o bien sólo necesitaba un mes para iluminarme, o bien iban a ocurrir otra serie de circunstancias inesperadas. Sospeché que esta segunda posibilidad era la más probable, y que mi camino hacia la iluminación no iba a estar tan libre de altibajos como yo esperaba.

Recordando mi educación británica, estreché la mano del señor Davidson y le di las gracias por alquilarme la casa durante un mes. Con el corazón latiendo ansiosamente, salí de su oficina, paré un taxi y me dirigí a la estación de autobuses. El reloj seguía avanzando; una hora más tarde ya estaba en el autobús que se dirigía a la isla de Achill, en el condado de Mayo.

Pasamos de la gran urbe a ciudades más pequeñas, después por pueblos, y de los pueblos al campo abierto. El paisaje se hizo más desolado, más agreste. Cuando llegamos al condado de Mayo, las colinas eran áridas y rocosas. Las más altas estaban horadadas por los granjeros y la gente del lugar que retiraban la turba de sus parcelas familiares. Aproximadamente cinco horas después de salir de Dublín, el conductor del autobús paró en el arcén de una carretera secundaria indicando con un gesto una colina lejana.

—Ahí es donde encontrará la casita –dijo.

«Qué extraño –pensé– que un conductor de Dublín sepa dónde está la casa que estoy buscando.» No conocía aún la eficacia que tiene la información «de boca a oído» en Irlanda.

Me eché la mochila al hombro. Iba cargada de sábanas y ropa para el fresco verano irlandés. Se aproximaba la hora del atardecer cuando empecé a caminar por el sendero vecinal y mi ansiedad aumentaba a cada paso.

¿Dónde iría dentro de un mes cuando acabara mi tiempo allí? ¿Qué me encontraría en la casita? ¿Tenía una razón equivocada para venir a Irlanda? ¿Y por qué siempre dudaba de todas las decisiones que tomaba y me preocupaba demasiado por el futuro, como estaba haciendo en este mismo momento?

Después de media hora de caminata, llegué a una casita blanca con techo de pizarra y una puerta azul rodeada por una valla blanca. La casa encajaba con la descripción del señor Davidson, de modo que abrí la cancela del jardín y caminé hasta la puerta de la casa. Me sorprendió comprobar que estaba abierta y dije en voz alta: «Hola, ¿hay alguien en casa?». Nadie respondió, de modo que entré de puntillas.

En la chimenea ardía el fuego. Dejé la mochila en el suelo y me senté en la silla más cercana. A medida que mis ojos se iban acostumbrando a la habitación cada vez más oscura, fui examinando lentamente el entorno. Junto al hogar había turba apilada y a su lado un fuelle en posición invertida. Frente al fuego, un viejo sillón verde, y detrás una gran mesa de madera con seis sillas muy robustas. A mi izquierda había una pequeña habitación vacía, que evidentemente no se usaba, y a mi derecha una puerta a través de la cual podía divisar una ventana y un armario ropero, lo que sugería que se trataba de un dormitorio. Detrás de mí pude ver una pequeña cocina que también servía como pasillo de entrada.

Desde el momento de entrar, me sentí como una intrusa en casa ajena, como si alguien se hubiera ido unos minutos pero volvería muy pronto y me descubriría. Traté de dejar esa sensación a un lado, pero cada vez estaba más convencida de que me observaban. Más acostumbrada ya a la escasez de luz, mis ojos se dirigieron hacia la esquina de la que emanaban esas vibraciones. Me sentí conmocionada al descubrir a cuatro personas observándome: un hombre, una mujer y dos niños pequeños. Me quedé congelada en el sitio, sin respiración. «He entrado en casa de alguien –pensé–. Pero qué ropa tan rara llevan puesta... ¡Dios mío, no son humanos!» En milisegundos concluí que estaba dentro de una casa encantada. «MIERDA» –pensé, cada vez más histérica.

Antes de que pudiera continuar con esa línea de pensamiento, el hombrecillo se dirigió hacia mí.

—Hemos vivido en esta casa durante cien de vuestros años, y estamos dispuestos a compartirla contigo, pero tenemos algunas condiciones.

Su apariencia contradecía la autoridad de sus palabras. Medía poco más de un metro de alto, e iba vestido a la antigua, con una chaqueta verde abotonada que le llegaba hasta la cadera, ceñida en torno a su vientre redondeado. Los pantalones marrones, cortados a la altura de las rodillas, revelaban unos leotardos gruesos que se insertaban en unos grandes zuecos, mayores, sin duda, de lo que sus pies tenían derecho a ser. Y para completar ese extraño atuendo, llevaba una chistera gigantesca.

Los niños eran versiones en miniatura de su padre, aunque sin el estómago prominente ni la chistera. Se los veía inquietos; evidentemente estaban tratando de comportarse, pero hubieran preferido estar en otra parte haciendo otras cosas.

La pequeña mujer llevaba puesta una falda que le llegaba hasta el suelo, por debajo de la cual sobresalían unos zuecos como los de su marido. Llevaba puesto un sombrero que me recordaba los de los primeros pobladores de Nueva Inglaterra, demasiado grande para su cabeza. Lucía el pelo rojo recogido en un moño, pero algunas mechas se resistían a estar confinadas, y caían sobre su cara mientras yo la miraba. Le costaba tener las manos quietas y no paraba de retorcerlas; seguidamente, las puso detrás de la espalda. Después me sonrió y, mirando a su marido, rectificó la sonrisa y trató de parecer seria.

El hombrecillo compuso su rostro adoptando una expresión de paciencia forzada mientras esperaba que respondiera a su oferta. Yo dudaba. No obstante, tuve la sensación de que se me estaba presentando una oportunidad inesperada, algo que no había buscado pero que podía ser muy valioso. Le respondí en un tono tan serio como el suyo.

—¿Cuáles son las condiciones?

—Estamos dispuestos a hacer un trato –comentó, aparentemente aliviado al oírme hablar.

—¿Cuál es el trato? –pregunté poniéndome a la defensiva.

Estaba empezando a sospechar que el «nosotros» era en realidad un «yo», y que la mujercita y los niños sólo estaban presentes para reforzar su posición.

—Bien... Estás viviendo en una calle encantada, y no todos los elementales de por aquí son amistosos con los humanos.

—Perdona –dije queriendo asegurarme de que estábamos hablando el mismo idioma–, pero ¿a qué te refieres con «elementales»?

—Vosotros, los humanos –dijo él impacientemente–, nos llamáis gnomos, goblins, enanos, hadas, elfos y leprechauns, pero todos nosotros somos elementales. Esa es nuestra raza, tal como la vuestra es la especie humana. Existen muchos tipos de humanos del mismo modo que existen muchos tipos de elementales. Ahora bien, como te decía, nosotros te protegeremos durante el verano. Sé que necesitarás protección porque sé por qué estás aquí.

Estuve a punto de volver a pararle al oír eso, pero decidí que ya lo descubriría en su momento. Él pareció darse cuenta de que mi atención vacilaba, porque hizo una pausa antes de continuar.

—A cambio, al final del verano, te pediré un regalo.

—¿Qué regalo?

—No te lo diremos ahora. Te lo diremos al final del verano –respondió.

En alguna parte de mi nebuloso banco de memoria recordé historias de hadas y elfos que engañaban a los seres humanos, y me sentí suspicaz ante la posibilidad de mantener un acuerdo abierto. También veía que no tenía otra opción, puesto que esta era su casa, y yo no tenía donde ir, pero eso no habría sido del todo verdad. Creo que podría haber vivido allí durante el verano cerrada a la presencia de esas pequeñas criaturas y no las habría vuelto a ver. Pero ¿a qué inimaginables experiencias estaría cerrándome? En lo profundo de mi ser sentí que su petición sería justa. Era como si incluso entonces confiara en él, de modo que dije: «De acuerdo».

Recordé el poema de Robert Frost, «El camino que no has tomado», cuando el poeta está paseando por el bosque y al llegar a un cruce de caminos dice: «Y yo tomé el camino menos visitado, y esa ha sido la gran diferencia». Sentía como si el leprechaun me hubiera ofrecido la misma opción de caminar con él por el sendero menos transitado. No tenía la menor idea de adónde me conduciría ese viaje, pero sabía que me habría arrepentido de dejar pasar esa oportunidad.

Nuestra negociación concluyó y el leprechaun me retiró su atención dejando claro que nuestra conversación había concluido por aquella noche. La pequeña mujer y los niños ya habían desaparecido. Agotada, tomé mi mochila y entré en la habitación. Era evidente que aquella robusta cama doble, con cabecera y pie de madera, había reconfortado a generaciones de cuerpos cansados. Abrí la cremallera de mi mochila, saqué las sábanas e hice la cama. En el armario había varias mantas de lana y las puse todas. Temblando de frío, me quité las gafas y las deposité sobre la mesilla. Me desvestí, me puse el camisón y salté bajo las mantas. En pocos minutos estaba profundamente dormida.

Capítulo 2
La señora O'Toole

El día siguiente amaneció glorioso y soleado, y como me había saltado la cena el día anterior, estaba muerta de hambre. Me até otro suéter alrededor de la cintura, por si el tiempo cambiaba, y echándome el bolso al hombro, salí a comprar algo de comida para mi despensa. Al abrir la puerta de la verja que daba al camino vecinal, me detuve. Ante mí se abría una extensa vista de campos bordeados por filas de setos que conducían a los majestuosos acantilados que caían directamente al mar. A lo lejos, a la derecha, donde el camino daba al mar, había un pequeño grupo de edificios: el pueblo, supuse.

Respirando profundamente el aire limpio y húmedo, comencé a caminar por el sendero vecinal. Bordeado en ambos lados por setos de más de tres metros de altura, el camino sólo dejaba sitio para un coche pequeño. Las aperturas de los setos revelaban preciosos parches de margaritas y lirios amarillos en campos de frondosa hierba verde. Resultaba difícil creer que hubiera elementales peligrosos acechando en el camino. Era una mañana de optimismo y alegría, y celebré mi buena suerte de poder pasar un mes en la casita en medio de aquel magnífico paisaje.

Poco a poco fui bajando hacia el pueblo y llegué a un cruce de caminos donde había dos *pubs* y un supermercado. «No hay muchas opciones», pensé, mientras caminaba hasta el supermercado, abría la puerta chirriante y entraba. Los ojos de todos los presentes se volvieron hacia mí y se hizo el silencio. Había llegado un extraño. Yo sonreí, e inmediatamente empecé a exami- nar con detenimiento la sección de comestibles. Para alivio mío, el zumbido del habitual parloteo volvió a comenzar. Algún tiem- po más tarde, después de elegir los alimentos a fin de maximizar el número de comidas que podía preparar cargando con el menor peso posible camino arriba, busqué la caja para pagar. Detrás del mostrador había un hombre con un delantal ceñido a la cintura y aires de propietario. Me desplacé tranquilamente hasta allí y puse mi compra frente a él. Mientras tomaba nota de los precios, me preguntó con un tono tan informal como pudo:

—Entonces, ¿de vacaciones por aquí?

—He alquilado la casita de los Davidson para el verano —respondí sin muchas ganas de dar información para el cotilleo, pero con menos ganas aún de negarle la alegría de poder contarlo.

Su ceja izquierda se elevó como unos cinco centímetros y, mirándome directamente a los ojos, me dijo con tono grave:

—¿No sabías que la casa de los Davidson está encantada?

Pensando que la ignorancia era la mejor estrategia, le respondí:

—¡Oh!, ¿encantada por qué?

—Encantada por la gente menuda —respondió rápidamente–. Y no sólo eso, sino que estás viviendo en un camino encantado. Hubo una caravana aparcada justo frente a tu casa y solía tener sacudidas, además se oían todo tipo de ruidos sin que hubiera nadie dentro.

Probablemente habría continuado si yo le hubiera dado pie, pero esa noticia, que confirmaba mi experiencia de la noche anterior, me puso nerviosa. Si todo el mundo conocía esos «encantamientos», no debía de ser fácil deshacerse de los elementales. Empecé a sentir nubes oscuras cerniéndose sobre mi día soleado. No pensé que tratara de meterme miedo. Su actitud se parecía más a la alegría que sienten los irlandeses contando un poco de la historia local, y sin embargo percibí en él una vena traviesa: se divertía inquietando un poco a la extranjera. Ciertamente lo había conseguido.

Le di las gracias y recogí las bolsas para irme. Sabía que, siendo la «americana» (los irlandeses no suelen diferenciar a los canadienses) que había alquilado la casa encantada de los Davidson, aquella noche sería tema de conversación en muchos hogares. Podía imaginarlos apostando cuánto tiempo duraría.

Empecé a subir por el camino sintiendo el peso de la comida y de la información recibida. Ahora, mientras caminaba junto a los setos, me sentía congelada, imaginando seres acechantes que esperaban abalanzarse sobre mí. Al llegar a la casa solté un suspiro de alivio. Entré, descargué la comida, tomé un apresurado desayuno-almuerzo y me dispuse a conferir al lugar una sensación más hogareña. Los leprechauns no estaban a la vista, y tampoco los busqué. Tal vez habían decidido darme algún tiempo para poder acomodarme y acostumbrarme al entorno. Por la razón que fuera, agradecí que me dejaran un rato sola.

El tiempo fue pasando mientras reordenaba los muebles, montaba un altar de meditación y recogía flores. Las sombras alargadas anunciaron el descenso del sol y llegó el momento de encender el fuego. Tomé cuatro piezas de turba y las dispuse una sobre otra teniendo cuidado de dejar espacio para el aire. Cogí las cerillas de madera que estaban sobre el mantel, encendí una y la acerqué a la turba. No ocurrió nada. Seguí intentándolo una y otra vez, sin éxito.

Enfadada, agarré el diario que había comprado para documentar mi verano de iluminación y arranqué varias páginas. Tras colocarlas cuidadosamente debajo de la turba, volví a intentarlo. El papel prendió inmediatamente. Felicitándome, me senté en el sofá para observar cómo las llamas se iban apagando hasta extinguirse completamente.

Hubiera preferido no necesitar encender el fuego. Después de todo, estábamos en verano. Pero no tardé en descubrir que los veranos de Irlanda y de Canadá no tienen mucho en común. La casa era tan fría y húmeda que, incluso en los días más calurosos, la temperatura nunca pasaba de los dieciséis grados. Temblando, y después de haber renunciado a la idea de encender el fuego, levanté la vista y vi aparecer una cabeza que se acercaba. Estaba cubierta por un pañuelo, con mechones de pelo gris cayendo por delante y por los lados. Una mano trabajadora y desgastada levantó el pestillo y abrió la puerta. El cuerpo adherido a ella tenía puesto un sucio impermeable azul grisáceo atado con dos botones. El impermeable se abría a cada paso, revelando un descolorido vestido floral y una combinación que colgaba desigualmente por debajo del dobladillo. Con sus botas de lluvia embarradas, caminó decididamente hacia la puerta, sosteniendo en la mano derecha un bastón casi tan alto como ella misma.

Corrí hacia la puerta para ser saludada por el destello de unos ojos traviesos, y una sonrisa a la que le faltaban tantos dientes que podría dar trabajo a un dentista durante un año entero.

—Soy la señora O'Toole –dijo, y sus ojos se dirigieron directamente a la chimenea, donde los restos de mis intentos fracasados lo decían todo.

Me hice a un lado y, sin mediar palabra, se dirigió directamente a la chimenea. Poniendo cuidadosamente a un lado los terrones de turba, barrió las cenizas del papel y volvió a colocar los terrones uno por uno, ordenándolos en forma de tienda de campaña. A continuación encendió una cerilla debajo de un terrón, y en unos minutos la turba estaba ardiendo.

«No parece muy difícil –pensé, observando el proceso–. Mañana lo haré sin ningún problema.» Siendo el primer día, aún era muy inocente. Creía que podía controlar mi entorno y, usando mi libre voluntad, dar los pasos necesarios que me llevarían hacia la conciencia. ¡Qué poco sabía entonces que nunca sería capaz de encender la turba y que la señora O'Toole me rescataría cada día a la misma hora! Aquel primer día, aunque me sentí agradecida por su ayuda, lamentaba la intrusión. Había planeado pasar días y semanas en silencio y meditación, y mi plan se había visto alterado primero por los leprechauns y ahora por ella. En aquel momento no sospechaba cuánto llegaría a agradecer sus visitas.

—¿Le gustaría tomar una taza de té? –le ofrecí mientras se sentaba en el sofá sin haber sido invitada.

—Sí –respondió.

Excusándome, me dirigí a la cocina para poner a hervir el agua y sacar las tazas y unas galletas. Los Davidson habían dejado un poco de azúcar que se había solidificado por la humedad; lo troceé con un cuchillo y lo puse en una de las tazas. Con todo preparado, volví a entrar en la sala de estar. Me senté en el sillón y, como no había mesa, apoyé la bandeja cuidadosamente sobre el suelo frente a mí. La señora O'Toole seguía mirando el fuego, y no parecía tener prisa por comenzar una conversación.

—¿Quiere que le traiga el té ahora? –pregunté después de unos minutos. Generalmente a los irlandeses les gusta el té fuerte, de modo que lo había dejado reposar un poco.

—Sí –replicó.

—¿Azúcar? –le invité.

—Sí.

—Lo siento, no tengo leche –dije.

—Traeré mañana, de las vacas.

Esas palabras fueron mi primera indicación de que la señora O'Toole y yo nos íbamos a ver con mucha frecuencia. En ese momento mis expectativas previas empezaron a disolverse, y decidí tratar de mantenerme abierta a lo que el universo proveyera. No mencioné mis planes de un retiro en silencio. En cambio, le pregunté:

—¿Quiere una galleta?

—Sí –respondió. Estuvimos allí sentadas, sorbiendo nuestro té y comiendo en silencio. Su presencia era reconfortante. Ella era acogedora, como el fuego que ardía en el hogar. Me acomodé en su calidez. Traté de empezar una conversación un par de veces.

—¿Dónde vive, señora O'Toole?

—En lo alto del camino.

—¿De qué lado?

—De camino al pueblo.

—¿Y a qué se dedica allí?

—Tenemos una granja.

Cuando acabó su té, la señora O'Toole se levantó y dijo:

—Más vale que me ponga en marcha –y, con su bastón repicando sobre el suelo de madera, salió por la puerta. Me quedé con una pregunta sin responder: «¿Encaja ella en mis planes para el verano?».

Capítulo 3
La evolución de los leprechauns

Al despertar, la mañana siguiente, encontré docenas de ojos mirándome. Todo tipo de elementales llenaban la habitación, y me observaban intencionalmente mientras yo me erguí a toda prisa.

—Sí, ya, ella nos ve, nos está viendo –chillaba con deleite uno de ellos particularmente feo y con verrugas distribuidas por toda su nariz curvada. Sus inmensas manos nudosas agarraron el pie de la cama para abalanzarse hacia delante y poder ver mejor. Incluso sin gafas, no tuve problema para distinguir sus grotescos rasgos.

—Os lo dije, os lo dije –gorgojearon los dos niños que vivían en la casa, mientras se ponían a bailar por toda la habitación.

Me sentí como un animal del zoo, exhibida para diversión del vecindario de gnomos y goblins. Furiosa, grité:

—¡Marchaos de aquí! ¡Esto es una invasión de mi intimidad y no forma parte del trato!

Mi voz los dispersó como el viento que barre las hojas secas. Algunos salieron por la puerta de la habitación, otros por las paredes, y otros simplemente desaparecieron. Sólo quedó uno, el hombre leprechaun que, según su propia declaración, vivía en la casa.

Agarrándose las manos por detrás de la espalda, andando adelante y atrás sobre las puntas de los pies y con los ojos bajos para fingir vergüenza, suspiró:

—Les dije que no era una buena idea, pero los pequeños sentían mucha excitación por tener una humana viviendo en casa, de modo que invitaron a los vecinos a echar un vistazo. En cualquier caso, no se te ha hecho ningún daño.

Recordé algunas de las caras que había visto al pie de la cama, rostros que parecían, según criterios humanos, grotescos y malevolentes. No estaba dispuesta a ablandarme tan fácilmente y respondí:

—¿No eran algunos de esos —indiqué, moviendo la mano en la dirección de aquel que tenía la nariz llena de verrugas— los que odian a los humanos?

Con los ojos aún evitándome, él continuó con lo que, en mi opinión, consideraba la esperada disculpa:

—Bueno, tienes razón, por supuesto. Había algunos de los que viven calle abajo, pero no puedes invitar a uno sin invitarlos a todos. Eso causaría más problemas.

Soltando las manos y tras haberse disculpado, me miró y me dijo con su voz de negociante:

—En cualquier caso, levántate; hoy vamos a empezar.

Dicho eso, me dio la espalda y, con dignidad, salió pausadamente de la habitación.

Apreciando que entendiera mi necesidad de intimidad, me vestí rápidamente, preguntándome si los leprechauns tendrían una necesidad similar. Temblando, me dirigí a la cocina y puse agua a calentar para el té. Él me esperaba en la puerta delantera; parecía impaciente porque me reuniera con él.

—Salgo en cuanto me tome un té –dije, defendiendo mi deseo de comodidades corporales.

—Yo también tomaré uno –respondió él con impertinencia.

—¿Bebes té?

—Por supuesto que bebo té –respondió–, pero es parte de lo que te voy a contar. De modo que prepara dos tazas, saca dos sillas y encuéntrate conmigo aquí fuera.

Se dio la vuelta rápidamente y atravesó la puerta cerrada. Sonriendo ante sus travesuras, puse agua al fuego y volví a la habitación para ponerme otro suéter. Siguiendo las instrucciones del leprechaun, cuando el té estuvo preparado, lo llevé afuera junto con las sillas.

El leprechaun fingió no darse cuenta de mi llegada y continuó mirando las margaritas y los ranúnculos, como si los estuviera viendo por primera vez. Sabía intuitivamente que esperaba que yo tomara el papel de anfitriona para que él pudiera asumir el de huésped. Divertida, preparé su silla y su taza de té con mucho cuidado y le dije cortésmente:

—Tú té está listo.

Él levantó la vista, afirmó con la cabeza y, a continuación, con toda la elegancia que pudo, caminó hasta mí y se sentó, depositando las manos sobre su amplio abdomen.

—Empecemos por el principio –anunció, con gesto parecido al que Yavé pudo haber tenido cuando dijo: «Hágase la luz»–. Yo soy lo que vosotros, los humanos, llamáis un leprechaun, y me dedico a estudiaros –comenzó con acento irlandés–. Mi conocimiento sobre los seres humanos está siendo puesto a prueba, y este verano es crucial.

Era como un actor representando el papel de un erudito humano del siglo XIX, un poco exagerado y teatral. De hecho, me recordaba un poco a W. C. Fields. Conseguí mantener una expresión seria, aunque podía ver que, debajo de su pose erudita, había pillería y buen humor, como si le gustara representar su papel y disfrutara especialmente de tener un público.

—¿Cuál es la prueba? –inquirí ansiosa por averiguar más cosas.

—He estado estudiando a los humanos durante cien de vuestros años, y soy uno de los primeros elementales que se dedican a esto. Los elementales somos diferentes de los humanos en el sentido de que nacemos en una casta y pertenecemos a ella durante toda nuestra vida. Pero, hace unos cien años, y puedo recordar este hecho –cien años son como ayer para nosotros–, se nos pidió a los elementales que nos ofreciésemos voluntarios para estudiar a los humanos. Yo me apunté. Entonces era joven, estaba saliendo de la niñez.

—¿Quién os lo pidió? –interrumpí, sintiéndome cada vez más intrigada con la historia.

—Ahora llego a eso –respondió, como no queriendo que lo apresurase–. Mira, en este planeta, los elementales, a diferen- cia de los humanos, nunca pueden ser creadores. Vosotros, des- de el principio de vuestra evolución, habéis estado entrenándoos para haceros creadores –aprendiendo a ser dioses, por así decirlo– y la Tierra es vuestra escuela. Los humanos tenéis libre albedrío, que es necesario para todos los creadores, y vosotros sois la única raza de este planeta, excepto la gente del agua, que tiene eso.

Cuando mencionó a la gente del agua, vi una imagen de delfines y, a medida que seguía hablando, continué viendo todo tipo de imágenes relacionadas con sus palabras. También empecé a sentir cosas que reforzaban tanto sus palabras como mis imágenes. Me di cuenta de que con esa comunicación tridimensional, que me permitía ver, oír y sentir, entendía mucho más plena y rápidamente de lo que es normal para los humanos. A medida que escuchaba, también comencé a ser consciente de que en mi existencia cotidiana recibía información de muchas dimensiones, y que, en cierto sentido, el modo en que se comunicaba el leprechaun me era más familiar que mi forma de comunicarme con los demás humanos. El leprechaun pareció sentir que su comunicación había suscitado estos pensamientos y se detuvo unos momentos antes de continuar.

—En Irlanda, los elementales solían tener una buena vida. Aún se sigue viviendo mejor en Irlanda que en la mayoría de los otros lugares, pero, gradualmente, el espacio disponible ha disminuido, nuestra calidad de vida se ha visto reducida y estamos muriendo como raza. Por tanto, hace cien años, los seres que controlan nuestra evolución nos dijeron si nos gustaría estudiar a los humanos e intentar aprender el libre albedrío, aunque manteniéndonos en la evolución elemental. Así podríamos empezar a ser creadores como los humanos. Yo soy uno de los primeros que eligieron esta vía.

—¿Estás diciendo que sólo los humanos y los delfines pueden ser cocreadores y los elementales no? Entonces, ¿cómo evolucionáis? –pregunté intrigada.

—Hasta hace cien años, los elementales sólo podían convertirse en creadores entrando en la evolución humana. Nuestros elementales más avanzados –vosotros los llamaríais maestros– solían hacerlo. Vincent van Gogh fue uno de nuestros maestros elementales y pudo ver que nuestro mundo estaba muriendo, de modo que pidió permiso para entrar en la evolución humana. Quería aprender el libre albedrío para poder ayudar a los elementales. Pero su vida humana le resultó muy difícil, porque nuestros mundos son muy diferentes. Como quería ayudar a los elementales, nunca llegó a separarse del todo de nosotros. Asimismo, quería dar a los humanos la belleza de nuestro arte y de nuestro mundo, pero ellos no estaban preparados para recibirla. Le resultó difícil vivir atrapado en un cuerpo tan confinado en el tiempo y el espacio.

—¿Era Van Gogh totalmente un elemental o sólo en parte? –pregunté tratando de entender cómo los humanos y los elementales podían entrar totalmente en lo que para cada uno de ellos es el otro mundo.

—Como Van Gogh era tan fuerte –replicó el leprechaun– se le permitió llevar casi toda su esencia elemental a vuestro mundo. Pero él fue una excepción. Generalmente, a los elementales sólo se les permite poner una parte de sí mismos en una vida humana. De modo que un humano puede ser un diez o un veinticinco por ciento elemental. Esto facilita la supervivencia de los elementales en el mundo humano, pero así hace falta mucho más tiempo –a veces varias vidas– para que puedan aprender las cualidades humanas y lleguen a ser creadores en nuestro mundo.

—¿Cómo reconoceríamos a un humano que fuera en parte elemental? –pregunté sospechando que probablemente había conocido algunos en mi vida.

—Esos humanos suelen tener mucho talento artístico –respondió– en el canto, la danza o la narración de historias. Muchos de ellos han sido irlandeses o galeses, y Dylan Thomas fue uno de ellos. Tenía en él mucho de elemental.

—Pero ¿cómo es posible ordenar las partes humana y elemental –pregunté–, para que estos seres puedan continuar con su evolución? Me suena como si se volvieran híbridos, ni una cosa ni la otra.

—Eso es exactamente lo que ocurre –el leprechaun sonrió, apreciando mi percepción–. Los humanos también pueden solicitar la entrada en la evolución elemental, pero ese es otro tema. En cualquier caso, hasta hace cien años, este era el único modo en que los elementales podían alcanzar el libre albedrío para hacerse creadores, pero, como puedes ver, es un proceso muy lento y complicado. Las leyes humanas y las elementales no son iguales. Los elementales no tenemos lo que vosotros llamáis «moralidad». Nosotros no nos casamos ni somos fieles en el terreno sexual como los humanos. Por eso, cuando entramos en la evolución humana, se nos acusa de promiscuidad y de despreocupación por los demás, pero, según nuestras leyes, no estamos haciendo nada equivocado.

—Entonces, si es así como funcionaba el antiguo sistema de evolución elemental –dije–, ¿cuál es tu papel en el nuevo sistema?

—En mi mundo –respondió el leprechaun ansiosamente– soy profesor de los elementales que se dedican a estudiar a los humanos, así como tú eres profesora de humanos que estudian otras evoluciones. De hecho, en nuestros respectivos mundos, nuestras funciones son muy similares.

Al hablar de nuestra similitud de funciones, tomé conciencia de lo poco que entendía. Durante toda mi vida adulta, mientras trabajaba con personas, tanto individualmente como en seminarios, había tratado de ayudarlas a ver las pautas previsibles tanto en su desarrollo personal como en la conciencia global humana. Antes de venir a Irlanda, pensaba que mi entendimiento y cooperación con estas pautas era suficiente para garantizarme la iluminación. Y ahora, ahí estaba el leprechaun hablando de una dimensión completamente diferente –la evolución de los elementales– de la que yo no tenía ni idea.

Estaba empezando a preguntarme cuánto más podría asimilar, cuando añadió:

—Tanto a ti como a mí nos interesa ayudar a los seres de este planeta a convertirse en creadores conscientes. Este verano yo te voy a enseñar sobre los elementales y tú vas a enseñarme sobre los humanos para que pueda superar mi examen. Ambos estamos en la misma etapa y ambos tenemos que pasar un examen este verano. Tú no acabas de entenderlo del todo, ¿lo sabes?

—¿Qué quieres decir? –pregunté, ligeramente molesta.

—Crees que has venido aquí a iluminarte, y eso es verdad, pero no entiendes completamente cómo ocurre ese proceso. Yo voy a ayudarte. No puedo hacerlo con la forma de enseñar humana, por supuesto. Pero puedo ayudarte en el proceso. Soy más viejo que tú y con los años he ido aprendiendo algunas cosas.

Cambió de postura y miró su taza de té, que estaba en el suelo. Parpadeé y de repente tenía la taza de té en la mano, y se la llevaba a los labios. Volví a dirigir la vista rápidamente al suelo y encontré la taza de té original exactamente donde estaba antes. Había dos tazas de té idénticas, una en el suelo y la otra en su mano.

—No he tomado té en casa desde el verano pasado –comentó–, cuando los Davidson estuvieron aquí.

Me gustó comprobar que estaba tratando de generar cierta camaradería, de modo que le pregunté:

—¿Te gusta vivir con los humanos?

—No se trata tanto de que me guste o no; así es como son las cosas ahora, a menos que quieras vivir bajo un puente o en un corral con las vacas. Resulta difícil encontrar una casa que no esté ocupada continuamente por los humanos y ahora las cabañas ya no están de moda. Se están construyendo viviendas modernas, y no es lo mismo. Nosotros no estamos hechos para la calefacción eléctrica, estamos hechos para la tur- ba. Hemos tenido suerte con los Davidson. No vienen mucho por aquí, y, cuando lo hacen, su vibración está en resonancia con la nuestra. Es casi como si tuviéramos huéspedes. Hemos visto cre- cer a los pequeños, y, en general, ha estado bien.

Se inclinó hacia delante, poniendo su taza de té donde estaba la otra mientras yo observaba fascinada cómo ambas se fundían en una. Su estilo era tan práctico y cotidiano que esa versión mágica de la realidad me pareció aceptable inmediatamente.

—Tal vez debería empezar por el principio –dijo, volviendo a ponerse las manos sobre el estómago y retomando la postura de profesor–. La mayoría de los humanos no nos ven. Ellos viven la mayor parte del tiempo en la tercera dimensión, y nosotros vivimos como a media dimensión de distancia de vosotros. Nos resulta fácil ver a los humanos porque sois más densos, más bastos, más burdos, y vibráis a un ritmo más lento que nosotros. Vosotros los humanos... –Se giró hacia mí como excusándose y dijo–: No tú personalmente, por supuesto, no sois capaces de ver las vibraciones más livianas. No podéis ver a los humanos que han muerto, a los seres que forman las nubes ni a los que hacen crecer los árboles. Los elementales sentimos una combinación de lo que los humanos llamáis pena y repugnancia porque no podéis ver estas otras dimensiones. Si pudierais elevar vuestra vibración y ver estas dimensiones, no haríais al mundo lo que le estáis haciendo. ¿Cómo podríais matar los arroyos y los árboles si vierais la fuerza de vida que hay en ellos y los seres que crecen en su seno?

»Nosotros, los elementales, tenemos la teoría de que tal vez los humanos se han vuelto burdos y densos a propósito, de modo que al no vernos ni ver a otros seres, pueden hacer lo que quieran. Los humanos comen carne, ven películas violentas y generalmente se enfocan en sus apetitos corporales. Al comportarse así, se hacen demasiado burdos para ver elementales y toda la vida natural; de ese modo pueden hacer lo que quieren a la materia «inanimada».

»Nos hemos dado cuenta de que los humanos tienen un intenso deseo de hacer lo que les viene en gana. Esta es la desventaja del libre albedrío, por así decirlo. Los seres necesitan el libre albedrío para convertirse en creadores, pero la mayoría de los humanos tienen que pasar por una lucha con su fuerte voluntad –lo que llamáis el ego– para poder adaptarse a lo que quiere el Creador.

Yo permanecía sentada sorbiendo mi té silenciosamente y escuchando sus palabras. Estaba de acuerdo con su punto de vista, y me sentía triste de que tan poca gente se tome el tiempo para captar la belleza de su entorno.

Como si sintiera el cambio en mí, se volvió y me dijo:

—¿Ves como te sientes mejor cuando te relajas y permites que te conmueva la belleza del mundo?

Aunque no había proyectado mis pensamientos, sabía que los había leído con facilidad. Sorprendida me di cuenta de que, si quería, él podía ser consciente de todos los pensamientos que yo tuviera durante el verano.

—Pero no lo quiero –dijo él–; tengo una vida fuera de esta conversación. Además, sé lo susceptibles que sois los humanos en lo relativo a vuestra intimidad.

Su tono dejaba claro que, en cierto sentido, me veía y nos veía a los humanos en general como seres más jóvenes, y por tanto menos avanzados que él.

Empezó a reírse inmediatamente y poco después se partía de risa. A continuación, sin hablar, proyectó una imagen de pequeñas hadas aladas haciendo travesuras, y me di cuenta de que estaba transmitiendo la imagen típica que los humanos tenemos de los elementales.

—De acuerdo, de acuerdo –dije riéndome– los dos sabemos que tendremos que esforzarnos por eliminar los estereotipos sobre nuestras respectivas razas, y podemos divertirnos mientras lo hacemos.

Como decía sobre el libre albedrío –continuó, recuperando la compostura–, los elementales tenemos muy poco porque no lo necesitamos. Podemos manifestar lo que queramos porque, a diferencia de los humanos, no dudamos de nuestro poder. Podemos tomar el pelo a los humanos, o a los de nuestra especie, pero es para divertirnos un poco. No es lo que llamáis algo «malo». Como hoy en tu dormitorio, cuando los niños trajeron a los demás para que te vieran. ¿Qué daño te ha hecho eso? Ninguno.

»De hecho, tú podrías haberles hecho más daño cuando empezaste a gritarles. Los hiciste desaparecer. Lo cierto es que ninguno de ellos ha resultado dañado, pero los humanos pueden herir a los elementales simplemente con la fuerza de su voluntad, con lo que dicen y hacen. Los humanos ciertamente han dañado a los elementales con sus pensamientos. Han negado nuestra existencia, especialmente a lo largo de los últimos cien años, y, como no creen en nosotros, no nos dan energía para existir. Algunos elementales, al no contar con la energía humana porque no creéis en nosotros, han salido de la existencia. Eran los que tenían menos voluntad y necesitaban la creencia de los humanos para seguir adelante.

Me estaba sintiendo muy culpable por cosas que yo había hecho, no intencionalmente, sino por ignorancia.

—Esto es terrible –dije–. No tenía ni idea de que los humanos os habíamos hecho tanto daño a los elementales.

Él hizo una pausa y pude ver que estaba barajando distintas opciones, luchando por mantener la objetividad de un intelectual humano.

—Lo cierto es que los humanos también habéis hecho bien a los elementales –dijo finalmente–. Cuando vimos que el hecho de que los humanos no creyeran en nosotros nos restaba energía, algunos nos vimos obligados a emprender el camino que hemos tomado. Debemos desarrollar nuestra voluntad y creer en nosotros mismos. Esto no fue planeado originalmente en el gran esquema de las cosas. Nosotros teníamos nuestros dones que aportar al mundo y vosotros los vuestros. Los dones de los elementales son la risa, la alegría y la belleza. Los dones de los humanos son la voluntad, la acción y el hacer. En el plan original, teníamos que evolucionar de manera separada, pero en armonía, para complementarnos mutuamente. Pero esto no ha sido así a lo largo de los últimos cientos de años, de modo que los seres que controlan nuestra evolución han cambiado nuestro plan, como también han cambiado el vuestro, y ahora están diseñando un plan en el que ambos podamos ser creadores. Si los elementales pueden trabajar con los seres humanos, como yo estoy trabajando ahora contigo, esto irá mucho más rápido. Estamos buscando humanos con los que trabajar para el bien de ambas razas, y también para el bien de la Tierra.

—¿Cómo podemos trabajar juntos? –pregunté simplemente.

Él dirigió su atención hacia el horizonte. Parecía que no le gustaba mirarme mientras hablaba, y me di cuenta de que mi energía lo distraía demasiado. Necesitaba enfocar toda su atención en lo que estaba diciendo.

—Los seres humanos pueden trabajar de muchas maneras con los elementales. La primera es creer en ellos y comprender que aportan alegría y belleza al mundo. Los elementales ayudan a crecer a las flores, los árboles y las montañas. Incluso hay un elemental que mantiene tu cuerpo. El simple hecho de que los humanos no podáis verlos no significa que no existan. Hay muchas dimensiones de las que los humanos no sois conscientes. Ni siquiera los elementales, aunque somos conscientes de vuestra realidad y de otras realidades, podemos ver todas las realidades. Cuando los humanos creen en nosotros, crean y fortalecen las formas de pensamiento que nos permiten funcionar y crecer. Esto requiere muy poca energía por vuestra parte, y nos da mucho. Si los humanos hicieran esto por nosotros, más elemen- tales desarrollarían su conciencia para poder acceder al libre albedrío y convertirse en creadores. Definitivamente, eso aceleraría nuestra evolución.

Estuve tentada de preguntarle por las formas-pensamiento, pero su expresión concentrada me desanimó, y él continuó:

—Otra manera de trabajar con nosotros es mostrar gratitud, aprecio y alegría por lo que hemos creado. Cuando los humanos hacen esto, podemos entrar en ellos para fertilizarlos y catalizarlos con nuestra esencia.

Y, girándose hacia mí, añadió:

—Esto es lo que has hecho hace unos minutos; ¿recuerdas que te has sentido más feliz?

Yo afirmé con la cabeza y traté de hablar, pero, una vez más, el flujo de sus palabras me tapó la boca.

—Los humanos se hunden en sí mismos y piensan en cosas serias como el trabajo y los deberes. Esto los tensa, los hace más densos y retrasa su evolución. A medida que son más conscientes, se vuelven más livianos y porosos. Los elementales podemos ver, simplemente mirando a los humanos y notando su densidad, en qué etapa de evolución están. La evolución elemental es lo opuesto de la evolución humana. Cuando encarnamos por primera vez no somos más que briznas de energía. Pero, a medida que crecemos y nos desarrollamos, nos vamos haciendo cada vez más sólidos y densos, de modo que el propósito de la evolución elemental es incrementar la densidad.

Una vez más traté de comentar algo respecto a lo que había dicho, pero su severa mirada volvió a callarme. Empezaba a preguntarme si podría introducir una palabra, aunque fuera de perfil.

—Podríamos trabajar juntos de otras dos maneras –continuó el leprechaun, mirándome con una expresión de paciencia exagerada–: que los humanos se comprometan a trabajar con los elementales que quieran trabajar con ellos. Nuestra labor es crear formas, ver el patrón que está en la naturaleza y animarlo a desarrollarse. Los elementales podemos ver el patrón que está en los individuos humanos y ayudaros a crecer, tal como ayudamos a crecer a los árboles o a las flores. Esto acelerará vuestra evolución. Decís que cada persona tiene un ángel guardián, y tenéis razón. También podríais tener un amigo elemental. Lo que los humanos podrían hacer por nosotros es meditar sobre lo que los elementales hacemos en la naturaleza y enviarnos energía para ayudarnos a realizarlo. Los elementales podemos aprender a usar el libre albedrío trabajando con individuos humanos. Si pudiéramos trabajar juntos, los elementales no tendríamos que asumir el riesgo de entrar en la evolución humana.

Con estas palabras estiró las manos por encima de su cabeza, abrió la boca en un gran bostezo y me sonrió. Aliviado por haber acabado su extenso monólogo, dijo:

—Esto es suficiente por hoy, ¿no crees?

Sin esperar respuesta, se puso de pie, se dio la vuelta y entró en la casa atravesando la pared.

Después de su partida, cerré los ojos, me acomodé en la silla y dejé que la brisa fresca de la mañana irlandesa me limpiara. Tomé una respiración profunda y, soltando el aire, dejé que el impacto de la mañana se asentara. Mi idea del retiro había cambiado radicalmente en tan sólo dos días, y recordé lo que el leprechaun había dicho respecto a que los elementales comprenden el plan divino mejor que los humanos. Mientras que los elementales están aprendiendo a tener libre albedrío, los humanos hemos de aprender a cooperar con el plan divino. Lo que ambas razas tenemos en común es la necesidad de un equilibrio saludable entre los dos aspectos.

Era evidente que aquel verano se me estaba dando la oportunidad de crear ese equilibrio. Antes de venir a Irlanda, sólo había visto uno de los hilos de mi camino de vida, y cómo encajaba con los demás seres humanos. No había percibido el diseño que forman los caminos de vida de los demás seres en el entramado general, y ahora empezaba a tener vislumbres de cómo todos encajamos dentro de una totalidad mayor.

Antes de ir a Irlanda mi única meta era la iluminación. Tenía la idea de que tendría que pasar alguna prueba, y que o bien la superaría o fracasaría. Tendía a ver la iluminación como algo absoluto, más que como un proceso de evolución, y sin embargo sabía que eso era la antítesis de lo que los budistas llaman «el viaje sin objetivo». Tal vez ese verano iba a tener la oportunidad de experimentar el viaje sin objetivo. Mi antigua identidad estaba quedando en el pasado, y ahora me encontraba en Irlanda para ver quién era verdaderamente.

Capítulo 4
La esencia del alimento

El estómago me pedía comida, de modo que me levanté de la silla y entré en casa. Mientras dejaba dos rebanadas de pan en la tostadora, sentí la presencia de alguien detrás de mí. Al girarme, descubrí a toda la familia leprechaun contemplando vorazmente mi desayuno.

—¿Coméis tostadas? –pregunté.

—¡Desde luego que sí! –afirmó el leprechaun mayor, lanzándome la sonrisa más encantadora.

Tomé el cuchillo del pan y corté cuatro rebanadas más, calculando mentalmente el coste de alimentar a cinco personas, en lugar de una, durante todo un mes.

—No te preocupes –oí decir por encima de mi hombro derecho–. Sólo nos gustan algunas cosas de la comida humana.

Preguntándome si podría aprender a tener pensamientos que mi amigo leprechaun no pudiera oír, me ocupé de las tostadas. Estaba a punto de preguntarles qué querían sobre ellas cuando, antes de que dijera nada, llegó la respuesta: mantequilla y miel.

Entré en el salón con el tarro de miel, la barra de mantequilla y los platos con las tostadas sobre una vieja bandeja. La familia se había sentado a la mesa y esperaba impaciente. Puse un plato delante de cada uno de ellos y me senté a su lado.

—Pan irlandés, delicioso –dijo mi amigo, con la miel escurriéndosele entre los dedos. La tostada estaba en dos lugares a la vez: había una pieza sólida sobre la mesa donde yo la había puesto, mientras una segunda, más difusa, era sostenida reverentemente en sus manos, y su tamaño se iba reduciendo a medida que la observaba.

Dirigí mi vista a la parte de la mesa donde estaba sentada la mujer leprechaun. Ella se dio cuenta y se puso una mano delante de la boca para ocultar sus risitas. Evidentemente, la escena le parecía divertida. Imaginando el aspecto que yo debía de tener desde la perspectiva de un leprechaun, empecé a reírme y me di cuenta de que, por la mirada de incertidumbre en sus ojos, la fuerza de mi emoción la estaba abrumando. Recordé lo que mi amigo había dicho acerca de que mi enfado era suficientemente intenso para hacerles daño, y rápidamente rebajé el tono. La mujercita se relajó de inmediato.

Sentados frente a mí estaban los dos pequeños «lepris». Desde el punto de vista humano podrían tener entre cinco y nueve años, pero yo sabía que, siendo elementales, seguramente eran mucho mayores. En cualquier caso, ambos tenían el aspecto de niños humanos de esa edad y actuaban como tales. A diferencia de los adultos, parecían incapaces de levantar la tostada con seguridad y se dedicaban a olisquearla sobre el plato, mientras la tostada saltaba arriba y abajo.

Volví a sonreír pensando en la diversión que tendrían los niños humanos si pudieran mover la comida con su mente. Los pequeños leprechauns podrían enseñar a los niños humanos a hacer levitar la comida, y los humanos podrían enseñar a los leprechauns a tener la concentración necesaria para mantener la imagen fija. Sorprendí al hombre leprechaun observándome y supe que estaba leyendo mi pensamiento, y que había determinado correctamente un modo en que ambas razas podían ayudarse. También me di cuenta de que los amigos secretos que tienen los niños humanos suelen ser elementales, porque ellos todavía están abiertos al mundo elemental.

—¿Ellos también me van a enseñar? –inquirí, señalando con la cabeza a la mujer y a los niños.

—No directamente –replicó el leprechaun–. Ella es muy tonta, y los pequeños lepris son demasiado jóvenes, y no pueden mantener un pensamiento el tiempo suficiente para que tú puedas comprender lo que están pensando.

Miré a la mujercita para ver su reacción cuando la llamaban «tonta». No se sintió insultada; de hecho, me sonrío todavía más, y después dirigió su atención a la tostada que tenía en las manos, que se había disuelto casi totalmente.

—¿Cómo haces eso? –le pregunté, apuntando hacia la tostada. Empezó a reírse, y el hombre leprechaun respondió por ella. Pude ver que él era el dominante en la pareja, pero traté de no juzgar su relación según mis criterios humanos de igualdad entre hombre y mujer.

—Los elementales no comemos la forma, sino la esencia del alimento. Para que me entiendas, podríamos decir que nosotros aspiramos la esencia. Así es como nos alimentamos. Según criterios humanos, tenemos gustos muy particulares en cuanto a la comida. Buena parte de vuestros alimentos nos resultan repulsivos. No matamos a ningún ser vivo para comer. No comemos vacas, ovejas, gallinas o pescado.

Pude sentir que el desagrado aumentaba en él conforme hablaba, y supe que si mantenía esa imagen el tiempo suficiente, acabaría haciéndome vegetariana.

—Bien, siempre están las ensaladas –pensé.

—No, no lo están. La lechuga está viva –continuó él, enviándome la imagen de una lechuga muy viva que estaba siendo arrancada de raíz por un humano despiadado. Casi podía oír los gritos de muerte. Eso resultó particularmente hiriente para mí, puesto que la lechuga es una de mis comidas favoritas, y a menudo me felicitaba por comer productos situados en la base de la cadena alimenticia. Llevaba ocho años sin probar el cerdo, y sólo comía ternera o pollo muy ocasionalmente.

—¿Entonces qué coméis? –respondí poniéndome a la defensiva, convencida de que sería imposible que los humanos pudiéramos sobrevivir alimentándonos como ellos.

—Comemos leche, mantequilla, cereales y cualquier cosa que no tengamos que matar –respondió con un toque de superioridad–. La evolución humana irá en esta dirección. ¿Te has dado cuenta de que los humanos no coméis tantas vacas como antes? Ahora os alimentáis más de pollo y pescado. Dentro de algún tiempo, la gente ni siquiera comerá este tipo de carnes, y se centrará más en la verdura y en la fruta. Esto es necesario para que vuestro cuerpo se aligere, si es que queréis evolucionar. Llegará el momento, en el futuro de vuestra evolución, en que absorberéis la esencia del alimento como hacemos nosotros.

—¿Podrías ser más específico con respecto al tipo de comida que ingerís? –inquirí, preguntándome si tomar una dieta más ligera durante el verano aceleraría mi iluminación.

—Cualquier tipo de cereal está bien, de modo que podrías prepararnos gachas por la mañana –dijo él, sonriendo por su insinuación no excesivamente sutil–. Nos encanta la avena, pero el maíz no nos gusta tanto, porque no es irlandés. Los seres humanos tienen que aprender a tomar comida que esté de acuerdo con su cuerpo, alimentos procedentes de donde ellos o sus ancestros nacieron. Los elementales restringimos nuestra dieta a los alimentos cultivados localmente, en lugar de tomar otros que vienen de muy lejos. Nos nutren mejor.

—Entonces, ¿coméis patatas? –pregunté pensando que los irlandeses adoran las patatas.

—Sí, porque no destruimos al ser de la patata al comerla.

—Pero ¿cómo evitáis destruir la planta? –pregunté.

—Vamos a la planta de patata y le pedimos por favor que nos dé uno de sus hijos. Las plantas deciden entre ellas qué patatas serán adecuadas para nosotros, y entonces entramos en la tierra y extraemos la esencia de las patatas que las plantas han seleccionado.

Mientras él hablaba, recordé ocasiones en las que recogía alubias y frutos silvestres pidiendo permiso a las plantas. A veces oía un sí y otras veces oía un no. Cuando oía un no, nunca seguía adelante.

—Eso es exactamente lo que hacemos los elementales –dijo el leprechaun leyendo mis pensamientos–. Y este es el procedimiento que todos los humanos deberían seguir para reunir comida. En cuanto a la mantequilla y a la leche –dijo él, continuando con la lista de alimentos «permitidos»–, las vacas nos las dan libremente. Respecto a la miel, somos amigos de las abejas. Ellas se sienten felices de proporcionárnosla, puesto que nosotros ayudamos a crecer a las hermosas flores que les dan el polen.

—¿Tomáis bebidas alcohólicas? –pregunté con una sonrisa, recordando historias de leprechauns borrachos.

—Sí, por supuesto –replicó él, con un guiño de complicidad–. Nuestro alcohol favorito es el hidromiel. Antiguamente, los humanos bebían hidromiel en las bodas. A los elementales les gustaba mucho ir a las bodas y a las fiestas para poder cantar, bailar y beber hidromiel. Actualmente, apenas se produce, de modo que tenemos que conformarnos con la cerveza negra, y también bebemos vino ocasionalmente.

—¿Cómo conseguís que los humanos os ofrezcan un trago cuando ni siquiera pueden veros? –pregunté, segura de que debían de tener algún truco.

—Bueno, hay dos modos de hacerlo –continuó él–. Si tenemos una buena relación con los humanos, ellos ponen un cuenco de leche para nosotros o nos sirven un vaso de hidromiel. Ocurría así hasta hace un par de siglos. Los humanos nos respetaban y sabían que manteníamos sus cosechas saludables; trabajábamos en asociación con ellos. Como esto ya no ocurre frecuentemente, sólo nos queda una segunda opción. –Un poco avergonzado, continuó–: Ahora, cuando los humanos vierten su vaso de hidromiel, nos metemos allí y tomamos un poco antes de que se la lleven a los labios. Los humanos no se dan cuenta de que después de que nosotros hayamos bebido la esencia de su vaso, lo que queda ya no sabe tan bien. Inmediatamente después nos vamos porque nos resulta repulsivo ver a los humanos beber el remanente de lo que nosotros ya hemos bebido.

Con estas palabras, dirigió la mirada hacia las tostadas que había sobre la mesa. Para mí, su aspecto era idéntico al que tenían cuando las dejé allí.

—Si comieras esta tostada ahora, sería repulsivo para nosotros. Hemos extraído la fuerza vital de ella, y si la comes, sería casi tan malo como comer a uno de los seres que matáis; casi... pero no tan malo.

Aún estaba digiriendo esa información cuando dijo:

—En cualquier caso, esta es tu lección sobre la comida y qué se debe comer –y con esas palabras hizo un gesto con la cabeza y desapareció.

Los niños seguían sentados, y la mujer también. Parecía que ella quería decir algo, mientras los niños seguían mirándome y moviéndose inquietos. Tuve la impresión de que trataban de concentrarse y mantenerse enfocados. La mujer me observó mirando a sus hijos, y puede sentir que esperaba que los ayudara de algún modo. Extendí mi aura a toda la mesa y envié un rayo de pensamientos concentrados y pacíficos en su dirección. El impacto fue inmediato. Los niños pudieron fijar su mirada mucho más tiempo sin moverse. Yo volví a mirar a su madre justo a tiempo de verla sonreír antes de que los tres desaparecieran.

Capítulo 5
Tomar el camino superior

Después de la partida de los leprechauns, tiré las tostadas a la basura y puse los platos sucios en el fregadero. Dos días antes probablemente habría elegido quedarme en casa para meditar, pero ahora no. Decidí dedicar el resto de la jornada a dar un paseo sin objetivos. El día era extrañamente seco, uno de los pocos que disfrutaría ese verano. En cualquier caso, necesitaría mis tejanos y un jersey de lana para no pasar frío. Como estaba bastante flaca, necesitaba todo el abrigo que pudiera conseguir.

Es una pena, pensé, que el leprechaun no pudiera transferirme unos pocos kilos de grasa para mantenerme caliente. En cualquier caso, como yo medía un metro sesenta y él no me llegaba al hombro, tal vez me pediría unos centímetros de altura a cambio. Sonriendo, tomé nota mentalmente para comentárselo la próxima vez que lo viera.

Me puse una bufanda al cuello, caminé hasta la puerta de entrada y salí hacia la izquierda del camino, en dirección contraria al pueblo. Aún corría agua de las lluvias de la noche anterior por los surcos de drenaje situados a ambos lados del sendero. Después de caminar briosamente unos minutos, llegué a un cruce de caminos. El de la derecha descendía hacia la carretera donde me había dejado el autobús el día de mi llegada. Podía ver que después conducía a una playa rocosa situada a lo lejos. El de la izquierda ascendía sinuosamente hacia las grises montañas.

Dado que mi inclinación natural era ir cuesta abajo, hacia la playa, en lugar de subir hacia las colinas, que parecían un territorio mucho menos propicio, giré a la izquierda. Quería experimentar haciendo cosas que no haría normalmente.

Para estar más despierta, tenía la intención de romper todas las pautas de conducta conscientes e inconscientes que me había creado. Algunos hábitos reconfortantes –como comer, dormir y hablar cuando quisiera– podían nublar mi conciencia. El cambio de mis rituales habituales podía producir algunas experiencias interesantes. ¿Me sentiría enfadada o deprimida? ¿Tendría nuevas comprensiones interesantes o entraría en un estado de conciencia elevada? Asimismo, quería desarrollar mi voluntad y ejercer más control sobre mi cuerpo. Si hubiera tenido una vida anterior en la antigua Grecia, me habría parecido más a los atenienses, que creían en la belleza y en los placeres de la vida, que a los espartanos, que se esforzaban por mantener la autodisciplina y llevaban una vida de estricta autonegación. De modo que estaba aprovechando la oportunidad de visitar Esparta.

Esos eran mis pensamientos mientras caminaba lentamente colina arriba, y ya me sentía premiada con una nueva comprensión. Me di cuenta de que esperaba una recompensa por la privación. Sin que fuera consciente de ello, mi mente ya había asignado una meta a esa caminata. Volví a recordarme que quería abandonar cualquier tipo de objetivo y enfocarme en la belleza que me rodeaba.

En la Irlanda rural la magia tiene una presencia casi tangible, y la mayoría de la gente sensible puede percibirla. La brisa te acaricia y te canta, y podía notar cómo mi aura se limpiaba y mi espíritu se elevaba. A medida que ascendía mis pies se posaban con más ligereza en el camino. Después de pasar una curva, vi un pequeño cementerio bajando un sendero hacia la izquierda. Consciente de que todos los caminos significativos parecían dirigirme hacia la izquierda ese día (la dirección de deshacer lo que hemos hecho), tomé aquel sendero.

Al aproximarme al cementerio, me di cuenta de que la hierba estaba muy alta. El lugar albergaba unas cincuenta lápidas, y estaba rodeado por un muro de piedras que me llegaba hasta la cintura. En su parte frontal había una puerta de hierro; sus bisagras oxidadas crujieron sonoramente cuando la empujé para abrirla.

Los cementerios nunca han sido mi lugar favorito. Mi anterior compañero, Bill, sentía mucho interés por ellos. En el tiempo que compartimos, habíamos visitado cementerios de todo el mundo, desde México, donde los féretros se apilan en sucesivos niveles por encima del suelo, hasta crematorios en la isla de Bali.

No me gustan los cementerios porque puedo sentir los espíritus de los difuntos tirando de mí. A pesar de que erijo un escudo contra ellos, sigo siendo consciente de su presencia. No es que ponga objeciones a hablar con los difuntos, pero me gusta elegir con quién hablo, del mismo modo que me gusta elegir a mis amigos. Suelo hablar con mi padre y con otras personas conocidas que han fallecido, y a veces recibo mensajes de los muertos para los vivos. Pero he descubierto que los espíritus menos deseables son los que rondan por los cementerios, tratando de aferrarse al mundo material.

Creando un escudo mental, me aproximé a las lápidas con cuidado y respeto. Aunque la hierba estaba muy alta, parecía que el cementerio seguía siendo utilizado. En algunas tumbas había flores plantadas, y en otras, viejas flores de plástico. Caminé de una parcela a otra, leyendo las fechas y los nombres escritos sobre las piedras. Muchos de ellos habían muerto muy jóvenes hace más de cien años, y asumí que sus muertes habían ocurrido durante la hambruna en la que falló la cosecha de patatas.

Obligada a continuar mi paseo «sin meta», me fui, y cerré la puerta detrás de mí. Sentí inmediatamente una sensación de alivio, y me di cuenta de que los espíritus no podían salir de la barrera formada por la puerta y el muro de piedras.

A la izquierda del cementerio había un camino estrecho y muy pendiente que ascendía por la colina. Esquivando los baches y las zarzas, ascendí rápidamente a la cima, donde, para mi sorpresa, encontré los restos de un pueblo abandonado. No quedaba ninguna estructura en pie, sólo las bases de lo que una vez fueron casas de piedra. Era evidente que allí no vivía gente desde hacía mucho tiempo, y me pregunté si los antiguos habitantes eran las personas que estaban enterradas en el cementerio.

Delante de mí se extendía una meseta marrón. Montículos de turba se secaban al sol, y los surcos oscuros en la tierra mostraban los lugares de donde se habían retirado los terrones. Aquello se parecía mucho al cementerio del que acababa de salir. Al principio pensé que en la meseta no había nadie, pero después, a lo lejos, vi una familia de cuatro personas, apilando turba. Ellos no me habían visto, y no supe si permanecer en silencio o entablar una conversación y preguntarles cosas. Decidí hacer esto último, y me dirigí hacia donde estaban. Ellos se dieron cuenta de que me aproximaba, pero continuaron trabajando. Me pregunté si estaría interrumpiendo su labor.

Los dos niños tenían unos cuatro o cinco años de edad. Jugaban con pequeños cubos y palas construyendo castillos en la turba, como si estuvieran en la arena de la playa. Sus padres estaban manipulando la turba para poner a secar el lado húmedo. Llevaban botas altas, pantalones tejanos y pesados jerséis de lana irlandesa.

—Hola –les dije cuando estuve lo suficientemente cerca para que pudieran oírme.

Ellos dejaron de trabajar y me observaron en silencio mientras me acercaba. No parecían ni reacios a mi visita ni ansiosos por entablar conversación, y pensé que unas pocas preguntas serían bien recibidas.

—No he estado antes en Irlanda –dije, como si ellos no lo supieran a primera vista– y me preguntaba quién va a usar toda esta turba.

Parecía que responder era un deber del hombre.

—Cada familia del pueblo es dueña de una parcela en la colina y corta su propia turba –dijo él, inclinándose sobre lo que parecía una pala especial para aquel menester.

Miré alrededor buscando algún indicador que marcara los lindes, algún tipo de señal que indicara dónde acababa una parcela y empezaba otra, pero no pude ver ninguno. Interpretando mi mirada perpleja, él dijo con orgullo:

—Todas las parcelas se heredan de generación en generación.

Entonces entendí que no hacían falta indicadores; desde que eran niños, la gente del pueblo iba a cortar la turba de la parcela familiar y nadie se metía en la del vecino. Era una propiedad comunal del pueblo.

—¿Cuándo se corta? –pregunté, queriendo entender todo el ciclo.

—La cortamos en primavera y la apilamos para que le dé el aire y se seque. Entonces, en cuanto está seca, y con suerte antes de que llueva demasiado –se rio mirando las nubes grises que teníamos encima– la llevamos a casa y la usamos ese mismo año. La mayoría seguimos usando turba aunque tengamos calefacción central.

Recordé el dulce olor que emanaba del fuego del hogar y entendí por qué los irlandeses no quieren renunciar a la turba. Di las gracias a la pareja por la información y continué paseando a lo largo de la turbera hasta que pude ver el pueblo a lo lejos. En ese momento me di cuenta de que había caminado en círculo, había recorrido tres cuartas partes de este, y me encontraba en la colina situada detrás de mi casa. No podía verla, pero pude distinguir el camino y la granja de la señora O'Toole. Un sendero bien marcado descendía por la colina, de modo que lo tomé de vuelta a casa. Cuando llegué, estaba anocheciendo. Fui recibida por un cálido fuego de turba que ardía en el hogar. La señora O'Toole había venido y se había ido. Me preparé la cena, me senté junto al fuego para reflexionar sobre el día y, cansada, me fui a dormir temprano.

Capítulo 6
Día de mercado

A la mañana siguiente, me desperté lentamente: no quería más sorpresas desagradables. Con los ojos medio cerrados, miré cuidadosamente por encima de las mantas y me encantó descubrir que estaba sola. Me senté, apilé las almohadas detrás de mi espalda y me puse un jersey sobre el pijama de franela. ¡Qué lujo! Era la primera vez que tenía la oportunidad de estar tranquila y contemplar la mañana. El tiempo iba pasando, y, si no me dedicaba a meditar un poco, el mes pronto concluiría sin haber hecho ningún avance significativo en el camino hacia la iluminación. Hoy, por fin, podría meditar en paz; después tomaría el desayuno, meditaría un poco más y saldría a pasear por la tarde. Con el día planeado, cerré los ojos y empecé a concentrarme en la respiración. Estaba justo entrando en un estado de paz cuando oí unos golpes vigorosos y repentinos en la puerta delantera que me devolvieron a la superficie. Eché las mantas a un lado, salté sobre el suelo helado, me puse rápidamente los calcetines y corrí a la puerta.

Abrí sólo una pequeña rendija, pensando que en Irlanda podría no ser aceptable recibir a la gente en pijama. Una mujer joven de pelo moreno muy corto me devolvió la sonrisa.

—Hola –dijo– soy Maureen, la hija de la señora O'Toole. Vamos a ir al mercado del pueblo vecino y me preguntaba si te gustaría venir.

No se parecía en absoluto a la señora O'Toole. De mi altura, probablemente de poco más de veinte años y con el pelo cortado a lo chico, Maureen no exhibía ninguna de las excentricidades de su madre. Con su aspecto de chica normal de una ciudad pequeña, habría encajado perfectamente en cualquier barrio urbano de Norteamérica. La señora O'Toole y Maureen eran ejemplos maravillosos de las diferencias entre la antigua y la moderna Irlanda.

Consideré rápidamente su oferta y acepté. La posibilidad de meditar siempre estaba ahí, y esta era una nueva oportunidad de vivir el momento.

—Gracias por invitarme, me encantará ir –respondí–. ¿Cuándo salís?

—En media hora. Pasaremos a recogerte –dijo ella, dirigiéndose briosamente hacia la puerta.

Cerré la puerta, me vestí rápidamente y preparé té y unas tostadas. También preparé una tostada extra para mi amigo leprechaun, y se la dejé sobre la mesa. No estaba por allí. Puntualmente, media hora después, un coche se detuvo frente a mi puerta. Al abrirla, oí el saludo de una niña delgada, de unos siete años de edad. Llevaba puesto un vestido de verano con un jersey que no me pareció lo suficientemente abrigado, unas medias que le llegaban hasta la rodilla y zapatos de ciudad. El pelo le llegaría por los hombros, aunque lo tenía recogido en dos coletas laterales.

—Soy Shannon –dijo ella, sintiéndose encantada con la responsabilidad de recoger a la «americana»–. Ya estamos listos para salir.

La seguí por el camino hasta el coche. Se abrió la puerta de atrás y ambas nos montamos junto a otra niña aún más pequeña.

—Hola, soy Tanis. ¿Quién eres tú? –le pregunté. Tenía unos cinco años, estaba más rellena que Shannon y llevaba el mismo corte de pelo a lo chico que su madre.

—Soy Bridget –replicó, y su sonrisa desdentada me recordó a su abuela.

Maureen estaba sentada en el asiento del pasajero de la parte delantera, junto a un hombre guapo y robusto que me miró por el espejo retrovisor.

—Soy Brendan –dijo sonriendo–. ¿Cómo te sientes en la casa?

Su tono ligeramente travieso revelaba su sorpresa ante el hecho de que una extranjera hubiera elegido vivir en condiciones tan primitivas. La mayoría de las nuevas generaciones de la Irlanda rural cambiarían gustosamente esas casas antiguas por una moderna; a Brendan y Maureen les costaba entender por qué había escogido un lugar tan arcaico.

—La casita está bien –respondí–. Me gusta la tranquilidad.

—¿No la encuentras húmeda? –presionó Brendan.

—Sí, es muy fría. Me alegro de que vuestra madre me esté ayudando a encender el fuego. Aún no domino la técnica –dije sonriendo.

Con su curiosidad satisfecha, Brendan metió la marcha y el coche salió disparado camino abajo. Los setos se difuminaron y, agarrándome al asidero de la puerta, me di cuenta de que si nos encontrábamos con otro coche de frente no cabríamos. En ese camino sólo había sitio para un auto. En Canadá, ese dato probablemente nos habría hecho conducir más despacio, con más precaución. Pero en Irlanda parecía existir la tendencia a conducir deprisa con la esperanza de no encontrarse nunca con otro automóvil. Me sentí aliviada cuando entró en la carretera principal, y pude relajarme en mi asiento.

El recorrido con las colinas a la izquierda y el mar a la derecha me puso en un estado de ánimo reflexivo. Sólo habían transcurrido tres días desde mi llegada, pero parecía mucho más tiempo. Me preguntaba si había hecho bien en venir, y empecé a elaborar mentalmente una lista de las cosas que podría necesitar para justificar el viaje.

Las casas empezaron a estar más concentradas, y en unos minutos nos encontrábamos en la calle principal de la ciudad. Brendan entró en un estacionamiento, apagó el motor y abrió la puerta. Todos salimos. Sin mediar palabra, empezó a caminar calle abajo. Maureen y las niñas no mostraron ninguna intención de seguirle, de modo que me quedé con ellas.

Me sorprendió que Maureen y Brendan no cruzaran palabra antes de salir en direcciones contrarias. Entre ellos parecía haber un acuerdo previo. Eso me recordó la conexión casi telepática de la pareja que apilaba turba el día anterior. Tal vez Maureen y Brendan habían hecho ese viaje tantas veces antes que sabían perfectamente lo que el otro iba a hacer.

Mientras reflexionaba, Maureen, cogiendo a las niñas de las manos, cruzó la calle y se dirigió hacia unos puestos del mercado. Sobre las mesas se amontonaban mercancías nuevas y usadas. Muchos de los puestos no estaban atendidos porque sus dueños preferían charlar con los vecinos, una actividad que parecía atraerles más que la venta de sus mercancías. Las niñas llevaron a Maureen hacia una mesa engalanada con hebillas, broches y lazos para adornar el cabello. Ella las siguió sin resistirse y las pequeñas empezaron a curiosear el surtido.

Me di cuenta de que mucha de la gente llevaba jerséis Aran, que tenían un aspecto cálido y parecían bien tejidos. Acercándome a Maureen, le pregunté dónde podía comprar uno.

—No en este mercado. Tendrás que ir a una tienda –replicó. Y después de pensárselo un poco, añadió–: Murphy's, calle abajo, debería tener jerséis –dijo señalando hacia la derecha.

Empecé a caminar en la dirección indicada y pronto llegué a una vieja tienda con fachada de madera y el nombre escrito en letras doradas y negras encima del escaparate. Abrí la puerta y entré, adaptándome a la luz de las bombillas incandescentes. Gracias a Dios por allí aún no habían llegado las fluorescentes. En medio de la tienda había una vieja caja registradora sobre el mostrador, y detrás de ella una mujer joven que me sonrió. Tengo antepasados irlandeses y, cuando estoy fuera de Irlanda, aspecto irlandés: soy pelirroja, tengo chispa en los ojos y lo que mis amigos llaman una «sonrisa contagiosa», pero sabía que ella y todos los demás podían ver que era extranjera. «¿Qué es lo que no encaja?», me pregunté... y no era la primera vez. La joven salió de detrás del mostrador y me preguntó con voz amable:

—¿Puedo ayudarla, señora?

—Sí, por favor, estoy buscando un jersey de lana.

—¿Hecho a mano?

—Sí –repliqué, preguntándome cuánto más costaría que la versión «hecho en Corea».

Me llevó al fondo de la tienda, donde, en distintas estanterías de madera, había jerséis Aran de todos los tamaños y colores.

Mirando mi cuerpo para calcular el tamaño, sacó un jersey de la segunda estantería y me lo dio.

—Creo que este le irá bien –dijo animándome.

Me lo puse y encajaba como un guante. Las mangas tenían la largura exacta y me ajustaba muy bien alrededor de la cintura.

—¿Crees que me queda pequeño? –pregunté, sintiendo el tremendo calor de la lana.

—No, te queda perfecto si te quitas el otro jersey que llevas debajo –comentó ella.

—No quiero pasar frío –dije recordando los fuertes vientos de las colinas.

—No pasarás frío con esto –dijo ella sonriendo y señalando el jersey–. Es muy cálido y resistente al agua. Sigue dando calor aunque esté mojado.

Convencida, le pregunté el precio.

—Cincuenta y cinco libras –respondió ella. Debí de haber parecido asustada, porque añadió apresuradamente–: Cada uno de estos es totalmente único.

Sacó más jerséis de las estanterías y me enseñó distintos dibujos. Según explicó, los diferentes puntos se derivaban de los nudos de los pescadores, y cada uno tenía su nombre. Cada familia tiene sus propios dibujos, por lo que si un hombre se pierde en el mar, se lo podría reconocer por su jersey.

—Me lo llevo –exclamé, buscando mi cartera para sacar el dinero. Ella me cobró y me dio el jersey, asegurándome que no me arrepentiría. Cumplida mi misión, empecé a añorar la paz de mi casa. De vuelta a la ajetreada calle, caminé rápidamente hacia los puestos del mercado a tiempo de ver a Maureen comprar unos lazos para el pelo. Las niñas corrieron hacia mí, ansiosas por enseñarme sus nuevas galas. Les dije que los lazos eran preciosos y, encantadas, me dieron la mano para caminar hasta su madre.

Brendan volvió en el momento en que Maureen estaba acabando. Después de echar una mirada a algunos puestos, caminamos hasta un pequeño café para comer. El menú fue pescado con patatas fritas, la dieta habitual en una pequeña ciudad como aquella. Tras bajar la grasienta comida con un té con leche caliente, nos dirigimos al coche. Apenas había visitado la ciudad, pero me agradaba la idea de volver a casa.

Capítulo 7
Directrices para la manifestación

Al llegar a casa, descubrí al leprechaun sentado en el sofá, llevaba un jersey de lana idéntico al que yo me acababa de comprar.
—¿Has pasado un buen día? –me saludó balanceando los brazos por detrás del sofá con gesto marcadamente humano.
Empecé a reírme al contemplar su ademán relajado y me senté junto a él.
—He pensado que podríamos hablar sobre la manifestación –dijo él, ansioso por dejar las bromas de lado–. Los humanos creen que no son muy buenos en esto de manifestar. Piensan que tienen que trabajar duro para conseguir comida, un lugar donde vivir y ropa que ponerse.
Con estas últimas palabras, extendió su jersey sobre su amplio vientre, indicándome la evidente facilidad con que podía manifestarlo. Yo había tenido que desplazarme a la ciudad vecina para encontrar aquel mismo jersey y después comprarlo.
—Ahora bien, es cierto que vosotros vivís en un reino más denso, y que en vuestro mundo es más difícil manifestar. Pero los

humanos no se dan cuenta de que todos los pensamientos respecto a lo que desean crean una realidad en otras dimensiones. Estos pensamientos podrían llevarse fácilmente a vuestra dimensión si no os dedicarais a cancelarlos.

—¿Cómo se hace eso? –pregunté, ansiosa por corregir ese comportamiento.

—Los humanos enviáis dos mensajes conflictivos al universo. Uno es: «Me gustaría tener tal cosa o tal otra». El otro es: «No creo que pueda lograrla porque no tengo suficiente dinero o cultura, o porque Sean y Moiré la tienen». Como los humanos transmiten mensajes contradictorios, no consiguen lo que quieren.

Me miró con engreimiento y continuó:

—Los elementales no tenemos ese problema.

—Ya veo –respondí, mirando fijamente su jersey y esperando que compartiera su secreto conmigo.

—Nosotros pensamos en lo que queremos y extendemos nuestros sentidos para verlo y sentirlo, y entonces aparece. Este método funciona porque los elementales creemos que va a funcionar. Cuanto más viejos y fuertes son los elementales, más capaces son de manifestar lo que quieren, porque tienen más energía para poner en ello.

El leprechaun hizo una pausa, retiró el brazo de detrás del sofá y se rascó el mentón pensativamente.

—Para manifestar nosotros consumimos energía –dijo–. Haría falta mucha energía para manifestar una casa.

Su vista recorrió la sala para resaltar el significado de tal proeza.

—Ahora bien, no hay muchos de nosotros que puedan hacer eso –añadió apresurado, como para no darme una información equivocada.

—Llevas un jersey muy bonito –dije, animándole a volver a las bases de la manifestación–. ¿Te protege y te mantiene caliente como hace el mío?

—Sí y no –replicó agudamente haciendo una pausa–. Tu reino tiene más sustancia, más densidad, y en algunos casos más alimento para los elementales. Nos gusta comer de vuestro reino para aumentar nuestra densidad y nuestra energía a fin de poder manifestar más. Por eso nos sentimos atraídos por vosotros y por vuestras cosas. Cuando los humanos miran un tomate, sólo lo ven en una dimensión –continuó–. Cuando los elementales cultivan un tomate, lo embellecen en otras dimensiones, y esa belleza rezuma a vuestra dimensión, dándole la chispa y la garra.

Mi amigo había estado contemplando el fuego del hogar mientras hablaba. Yo permanecía tan atenta a sus palabras que no me daba cuenta de qué miraba. Una llamarada roja llamó mi atención, y me di la vuelta para ver el fuego que ardía en el hogar. Parpadeé, y el fuego volvió a desaparecer instantáneamente. Sólo ardía en su realidad, mientras que en la mía la chimenea estaba apagada. Abriendo mis sentidos, traté de sentir el calor y el olor de la turba ardiendo. No pasó nada.

Siguiendo mis pensamientos, el leprechaun se giró hacia mí y dijo:

—Los humanos tienen muchas historias sobre visitas al reino de las hadas, donde se escucha música preciosa y donde hay bellas ropas y alimentos. Pero, cuando tratan de comer nuestro alimento, no tiene sabor o sustancia. Por eso nos acusan de fraude y engaño. Te lo plantearé de otra manera: ¿es esta casa en la que estamos viviendo un fraude y un engaño?

—Si te refieres a si es sólida y a si puedo tocarla, te diré que sí –respondí.

—¿De modo que esta casa te parece sólida? –me preguntó, y sin esperar mi respuesta, caminó hasta el hogar y atravesó con el brazo la pared de piedra.

—Entonces, ¿cómo explicas esto? –me dijo en tono desafiante y haciéndome un guiño.

—Es posible que tú puedas hacer eso, pero yo no –respondí.

—Eso no es verdad; tú también puedes hacerlo. Simplemente no crees que puedes, y esa es la diferencia –propuso, retirando el brazo y volviendo a sentarse en el sofá.

Tomando una respiración profunda, y con su pose de filósofo intacta, continuó:

—Vuestros científicos han descubierto recientemente que tú, yo y todas estas cosas –incluyó con su gesto el sofá, las paredes y el mantel– no son sólidas. En nosotros hay más espacio que agua o cualquier otro elemento. Tanto los humanos como los elementales llamamos a este espacio éter, y es principalmente de éter de lo que estamos compuestos. Los humanos y los elementales nos diferenciamos en que nosotros entendemos mejor el funcionamiento del éter. Por eso podemos viajar en el tiempo y en el espacio y manifestar lo que deseamos con tanta facilidad.

Volviendo a mirar el fuego, explicó:

—Podrías encender un fuego en tu realidad tal como yo hago en la mía. Lo único que tienes que hacer es concentrarte y creer que es posible. En la India existen personas sabias que manifiestan comida continuamente. Los humanos acuden masivamente a ellos pensando que son maestros muy especiales. Algunos son almas viejas, pero, en cualquier caso, lo que hacen funciona porque han descubierto que estas cosas son posibles.

Cambiando su postura sobre la silla, continuó:

—En Filipinas también hay cirujanos que pueden atravesar con sus manos el cuerpo de la persona y extraer las enfermedades. Todo esto está fundado en la misma creencia.

Sorprendida por su inmenso conocimiento de distintas civilizaciones de nuestro mundo, me pregunté, y no por primera vez, si estaba extrayendo estos conocimientos de mí. Yo estaba muy familiarizada con los dos ejemplos mencionados.

Captando mi pensamiento, me sonrió y explicó:

DIRECTRICES PARA LA MANIFESTACIÓN

—Puedo leer este conocimiento de tu memoria, pero también puedo viajar para ver a esas personas y esas cosas por mí mismo.

Volvió a mirar el fuego y se quedó en silencio, esperando. Sentí que se abría un espacio en mí y que se expandía hacia el fuego. Algunos recuerdos borbotearon hasta la superficie, recuerdos de instrucciones recibidas de mis guías y maestros espirituales en los planos internos a lo largo de los últimos años. En varias ocasiones me habían indicado que en los reinos etéricos yo era mucho mejor recibiendo que enviando información. Me aconsejaron que practicara la concentración para mejorar mi capacidad de manifestar lo que quisiera. Uno de los ejercicios era sentarme delante de una chimenea llena de papel y madera e imaginar que la encendía sin usar cerillas. Había intentado ese ejercicio varias veces sin éxito. Como señaló el leprechaun, ello se debía a mi creencia profundamente arraigada de que lo que trataba de hacer era imposible. Yo creía que otros humanos podían hacerlo, pero no contaba con ninguna prueba directa en la que basar mi creencia de que era posible para mí.

—¿Puedes apagar el fuego con la misma facilidad que lo enciendes? –pregunté.

—Por supuesto –rio incrédulo–. Los principios son los mismos para manifestar que para retirar de la manifestación. En un momento me concentro en desear un fuego, veo la imagen tal como la quiero y entonces ocurre. Al momento siguiente pienso y veo una chimenea apagada, y sucede.

—Has mencionado antes que los humanos pensamos que las joyas y los alimentos de vuestro reino son un engaño. ¿Son estas cosas tan reales para ti en tu realidad como lo son para mí en la mía?

—Ese no es el mejor modo de plantear la pregunta –me corrigió, soltando las manos de detrás de la cabeza y colocándolas sobre el vientre–. Sería mejor preguntar si hay fuerza vital en lo que manifestamos, y la respuesta a esa pregunta es sí. Nosotros comemos nuestra comida y nuestras joyas son reales para nosotros. No obstante, la fuerza de vida de nuestro mundo no es tan grande como la de vuestra realidad. Por lo tanto, aunque puede sustentarnos, no podría sustentar a la mayoría de los seres humanos. Los elementales podemos sobrevivir de la esencia del alimento humano, pero la mayoría de los humanos no pueden vivir de la esencia de nuestros alimentos.

Hizo una pausa, me miró con complicidad y continuó:

—Y digo «la mayoría de los humanos» porque hay notables excepciones. A veces acogemos a seres humanos en nuestro mundo durante largos períodos de tiempo –en ocasiones para toda su vida–, pero esa es otra historia.

Con esas palabras se puso en pie y se preparó para irse. Estaba en proceso de preguntarme por qué no se podía quedar un poco más cuando replicó:

—Tengo cosas que hacer, y nuestra amiga la señora O'Toole no tardará en venir a encender el fuego.

Después desapareció lentamente. El jersey de lana fue lo último en disiparse. Me quedé sentada allí unos minutos y a continuación escuché el crujido de la puerta del jardín, seguido por unos golpecitos en la puerta de casa. La señora O'Toole había llegado.

Capítulo 8
Tiempo fuera del tiempo

La mañana siguiente había terminado de desayunar y estaba sentada en el sofá sorbiendo mi segunda taza de té. El té que había preparado y dejado en el suelo para mi amigo leprechaun estaba enfriándose. Durante la última media hora había sentido una creciente ansiedad. El verano pasaba y no me notaba más cerca de la iluminación que a mi llegada. ¿Estaba pasando el tiempo sabiamente o lo estaba desperdiciando? Planeé una disciplina para el resto de mi estancia: meditación, ayuno y silencio. Esa perspectiva no me llenaba de alegría, pero parecía el medio necesario para conseguir un fin. Sin embargo, descubrí que me costaba poner el plan en acción, y continué perfilando sus detalles: diversas técnicas de meditación y métodos de ayuno. Tal vez un poco de variedad ayudaría a motivarme.

Aún no estaba totalmente preparada para empezar el día y desplacé la vista perezosamente alrededor de la habitación. Mis ojos se detuvieron abruptamente en la puerta del dormitorio, donde aparecieron tres cabezas aparentemente desencarnadas.

Como trofeos de pared vivientes, mi amigo leprechaun y sus dos hijos estaban subidos uno sobre otro, sonriéndome de oreja a oreja. Me puse a reír e inmediatamente sentí que mi ansiedad se disolvía.

Mi amigo, con un destello en los ojos, me dijo:

—Bien, así está mejor. Te estás tomando este asunto de la iluminación demasiado en serio.

Las tres caras se apartaron del marco de la puerta y mi amigo reapareció vestido con su jersey de lana y sus cortas piernas colgando del brazo del sofá. Mirando al punto Aran, preguntó:

—¿Qué piensas de esto? –y una serie de tréboles verdes aparecieron repentinamente sobre su copioso vientre.

—Creo que es un poco chillón –repliqué honestamente.

—¿Y qué te parece esto? –preguntó, cambiando el patrón a un gran trébol que le cubría todo el pecho. Era más sencillo, pero el efecto seguía siendo un poco chillón para mi gusto.

—Prefiero el dibujo del punto, aunque es muy intrincado –comenté.

Él resopló mostrando su desacuerdo, pero los tréboles se disolvieron y reaparecieron en la forma de un broche de unos ocho centímetros sujeto en la parte izquierda de su pecho, donde los seres humanos solemos llevar las insignias.

—¡Aburrida! –exclamó él, imitando la jerga humana, y a continuación empezó a reírse de su propia gracia.

—Bien –continuó, ya más sobrio–, ¿no te parece esto más divertido que meditar?

—Tal vez lo sea –admití–, pero me preocupa estar perdiendo mi tiempo y no concentrarme en el verdadero propósito que me ha traído aquí.

—Eso es muy humano –exclamó él–: pensar que tu propósito tiene que ser solemne y serio, en lugar de divertido.

—Te concedo que la diversión, la alegría y la belleza son importantes –admití–, pero también tenemos que enfocarnos hacia donde nos dirigimos, en lugar de limitarnos a quedarnos donde estamos.

—¡Oh, absolutamente! —admitió mi amigo—. Los humanos sois muy buenos en eso, y es una de las cosas que me estás enseñando este verano. Los humanos podéis enseñarnos a los elementales enfoque y dirección. Mira, nosotros percibimos el tiempo de otra manera.

Me senté en silencio, sorbiendo mi té y esperando que continuara.

—Los humanos pensáis que hay un principio, una parte media y un final —dijo él, retomando su pose erudita—; un pasado, un presente y un futuro. Vosotros veis estos momentos temporales bien delimitados. Esto es muy diferente de la relación que los elementales mantenemos con el tiempo. Nosotros podemos elegir entre varias opciones, no estamos fijados en una única posibilidad. Los humanos creéis que sólo hay un pasado y que sólo habrá un futuro que no puede conocerse con antelación. Pero yo puedo mirarte y conocer todas las opciones que has experimentado, no sólo en esta vida, sino también en vidas pasadas. Y no sólo en tus vidas pasadas en esta banda en la que crees estar, sino en todas las bandas opcionales que has experimentado.

—El libro de Seth, *Oversoul Seven* —le interrumpí, ansiosa por demostrar que había escuchado esos pensamientos anteriormente—, habla de que un alma puede estar en distintas personalidades y en distintos períodos de tiempo simultáneamente. ¿Te estás refiriendo a esto?

—Sin duda —replicó—, y sé que aceptas la teoría, pero no puedes recordar una experiencia de ello. Esa es la diferencia entre nosotros.

—Puedo recordar muchas de mis vidas pasadas —respondí.

—Sí, pero todas ellas están en una sola banda. ¿Te gustaría experimentar una vida en otra banda?

—¡Por supuesto! –exclamé, ansiosa por conseguirlo.

Él sonrió ante mi entusiasmo y me preguntó:

—¿Sabes que viviste una vida con los elementales?

—No, no lo sabía. ¿Cómo ocurrió eso? –dije impaciente.

—Antes hablamos de los elementales que se incorporan a la evolución humana. Algunos humanos han entrado en la evolución elemental para aprender más sobre nosotros y para ayudarnos con las cualidades que necesitamos aprender de vosotros. Son híbridos, y tú eres uno de ellos.

Resultaba sorprendente oír algo sobre mí de lo que no tenía conocimiento. No obstante, mi cuerpo sintió que sus palabras eran justas, aunque no tenía un recuerdo consciente.

—Oh, tienes el recuerdo, simplemente no te acuerdas todavía –rio mi amigo–. Según tu sentido del tiempo, esto ocurrió hace cientos de años, pero los elementales aún podemos leer esto en ti y sabemos que eres amistosa con nosotros.

—¿Podría recordar esa vida? –pregunté curiosa.

—Por supuesto –respondió con determinación, haciéndome un gesto para que cerrara los ojos.

Al cerrar los ojos, me vi inmediatamente vestida con una larga falda de lana que llegaba hasta el suelo. Iba caminando por un sendero cubierto de hojas otoñales. A mi alrededor había un bosque mágico. Podía sentir la fuerza vital y la identidad de cada árbol, y supe que visualizando cualquier estación que quisiera, aparecería. La primavera quería emerger, pero me resistí al impulso de animarla. Abriendo los oídos mientras caminaba, escuché a los pájaros y otros animales hablándose unos a otros. Entendía todos sus gorjeos y pensamientos.

Tenía el pelo más largo que ahora, y era mayor, de unos cuarenta años. Aunque estaba rodeada de belleza, me sentía llena de dolor, porque sabía que tenía que irme. Me di cuenta de que alguien me estaba observando, y, al girarme, vi a un hombre alto, delgado y elegante, vestido con el color verde del bosque. Él observó mi acercamiento y, cuando estaba casi junto a él, se quitó el gorro puntiagudo y me hizo una gran reverencia. Tenía las manos largas y delicadas, y se movía con una gracia impecable. Sus ojos eran de un color verde profundo, ligeramente inclinados, y no era humano.

—Buenos días, sabia –me saludó–. ¿Adónde vas a ir hoy?

—Voy hacia mi muerte –susurré suavemente.

—¿Y por qué elegir la muerte? –inquirió; sus ojos se llenaron de dolor–. ¿No eres feliz entre nosotros?

—He sido feliz –repliqué–. Echaré de menos la magia del bosque y hablar con todas sus criaturas. Pero algo en mi alma está llamándome.

—Oh, una llamada del alma –replicó, con tristeza en su rostro–. Siempre debemos obedecerla.

Parpadeé y encontré que había avanzado algo más a lo largo del mismo sendero; él quedaba detrás de mí. Le oí decirme: «No nos olvides», y su voz resonó en el bosque.

Volviendo la cabeza en la dirección por la que venía caminando, contemplé una preciosa luz que me iluminaba. Elevándome del suelo, me dirigí hacia ella, y cuando miré atrás, vi mi cuerpo físico yaciendo en el camino; las hojas ya lo estaban cubriendo. Me dirigí hacia la luz y entré en ella. Perdí la conciencia y ya no recordé nada.

Volviendo al presente, abrí los ojos para encontrar a mi amigo leprechaun observándome intensamente.

—¿Por qué me ha llamado «sabia»? –pregunté–. Yo no parecía muy mayor.

—Si hubieras mirado a tu alrededor, habrías descubierto que no hay muchos elementales con un cuerpo viejo. Generalmente conservan su aspecto joven aunque sean viejos. Sólo unos pocos –y se apuntó a sí mismo con el dedo– tomamos una forma acorde con nuestra edad. Asimismo –el leprechaun dudaba–, tú nos diste mucho a los elementales en esa vida. Respetaste nuestras costumbres y nos enseñaste cómo piensan y actúan los humanos para que pudiéramos comprenderlos mejor. En ese momento, los elementales aún no habíamos decidido hacernos creadores, pero se estaban sembrando las semillas. Algunos de nosotros podíamos sentir el cambio en la corriente del tiempo que hizo que tú y otros humanos nos enseñarais.

Cuando mi amigo dejó de hablar, pude ver por primera vez un profundo respeto y afecto en sus ojos. No era una pose, sólo emoción sincera. Me sentí llena de amor por él y por todos aquellos que había conocido, aunque no podía recordarlos con claridad.

Como no deseaba romper la magia del momento, hablé quedamente.

—Ese elfo del bosque... He sentido que le conocía... ¿Es así?

—Sí, le conocías muy bien. Pasaste muchos años en su compañía –replicó el leprechaun sucintamente.

Nunca le había visto dudar tanto a la hora de facilitarme información, y le presione un poco más:

—¿Qué está haciendo ahora? –pregunté.

—¿Verdaderamente quieres saberlo? –exhaló mi amigo con suavidad, esperando que le dijera que no.

—Tal vez todavía no –repliqué, confiando en su juicio.

Él se aclaró la garganta y, sin previo aviso, se lanzó al aire desde el sofá, aterrizando en el suelo. Me recordó al hombre que sale disparado del cañón en el circo. Estirándose el jersey, anunció:

—Creo que necesitamos un descanso para hacer ejercicio.

Empezó a correr alrededor del sofá a la velocidad de la luz. Iba tan rápido que, mirando a un lugar, apenas se podía decir si iba o venía. Después de la carrera se sentó en el suelo y comenzó a retorcerse en extrañas posturas que eran mitad aeróbic y mitad yoga. Una vez más, su velocidad era al menos el triple de la que podría conseguir un ser humano. Evidentemente, había visto a los humanos hacer ese tipo de cosas en muchos lugares diferentes, y había mezclado técnicas indias y de California creando una combinación que sólo él dominaba. Me vinieron imágenes de mi amigo enseñando su «sistema de *fitness*» a los gnomos y goblins, y me partí de risa.

—Entonces, ¿qué es lo que no te gusta de mi programa de ejercicios? –preguntó, con las manos en las caderas y las piernas en jarras.

—Nada, nada. –Tomé aire, tratando de parecer seria pero sin conseguirlo.

Con la cara roja y echando humo, me acusó:

—Entonces, ¿de qué te ríes?

Me di cuenta de que pensaba que me estaba riendo de él: un gran error teniendo en cuenta con cuánta seriedad se tomaba su dominio de las conductas humanas. Asumí una actitud de pedir perdón –sincera, aunque tal vez un poco exagerada– que recordaba sus imitaciones de los humanos. Él me miró, comprendiendo mi intención, y se echó a reír a carcajadas.

Volvió a sentarse en el sofá, se estiró para darme la mano y tomó aire... Las lágrimas de risa le caían por las mejillas:

—Lo has conseguido. Lo has conseguido.

—¿Qué es lo que he conseguido? –pregunté asombrada.

—¿Qué va a ser? Me ganas por una, por supuesto –se rio.

Entonces me di cuenta de que había logrado una especie de «premio» leprechaun. Había sido más ingeniosa que un elemental en su propio juego. Eso me hizo preguntarme por los distintos criterios que determinan que una conducta es aceptable para nuestras dos razas.

—¿Realmente practicáis este tipo de ejercicios? –pregunté.

Aún sonriendo, él replicó:

—Bueno, en realidad he aprendido estos ejercicios de los humanos, pero tenía una razón para hacerlos.

—¿Aparte de dominar todas las habilidades humanas? –interrumpí con una sonrisa.

Apuntándome con el dedo, mi amigo respondió:

—Más te vale tener cuidado, vas a convertirte en un elemental...

—Y tú te convertirás en un ser humano –respondí cortante.

—Te estás haciendo más rápida. Eso es bueno. ¿Te gustaría hablar de lo que los elementales estamos aprendiendo de los humanos? –preguntó.

—¡Sí! –respondí, aunque me costaba recuperar la compostura. Empezaba a preguntarme si no me estaría contaminando.

Sonriendo ante mi pensamiento, el leprechaun lo confirmó y lo llevó un paso más allá.

—Nos fertilizamos mutuamente –dijo, haciendo un gesto hacia mí–. Cuando los humanos se asocian con los elementales, se hacen más elementales, y viceversa. Para un ser humano, tú tienes una personalidad muy juguetona e infantil, y un sentido del humor travieso. ¿De dónde crees que te vienen?

Intrigada, respondí:

—Toda la familia de mi madre es así. Creo que me viene de ellos.

—Y así es, pero ¿no son todos ellos irlandeses? Entonces, ¿de dónde crees que les viene?

—¿De los leprechaun? –pregunté, sabiendo que esa era la deducción que él quería que hiciera.

—Exactamente. –Mi amigo afirmó con la cabeza, feliz de que pudiera seguir su «lógica». Y continuó–: Existe otra razón por la que tienes algo de elemental en tu personalidad. Has pasado más de una vida viviendo y trabajando con nosotros. Lo que has visto antes sólo era una de esas vidas.

—Entonces –interrumpí–, si he estado aprendiendo alegría, humor travieso y rapidez, ¿qué es lo que he estado enseñando a los elementales en esas vidas?

—Tu enseñanza se reduce principalmente a responsabilidad y amor –replicó–. Pero, para emplearlos, necesitamos concentración. A nosotros nos cuesta mantenernos concentrados en cualquier cosa durante cierto tiempo. Yo me he entrenado durante décadas, pero para los elementales no es fácil. En las historias humanas sobre elementales se nos acusa de ser mutables. Los humanos dicen que nos enamoramos de una persona y después la dejamos porque nos enamoramos de otra. Según los criterios humanos, hay mucha verdad en esto, porque nos encanta la variedad. Nos gusta experimentar todos los sentimientos y todas las cosas nuevas.

Él me miró y pude leer su pensamiento antes de que hablara.

—Sí, hasta eso lo has tomado de nosotros. Mira cuántas profesiones ejerces a la vez: eres terapeuta, consultora de organizaciones –como vosotros lo llamáis–, maestra espiritual y ahora, además, autora. Has tenido unos veinte empleos y has pasado años viajando por todo el mundo. Esa mutabilidad es muy elemental.

Estaba de acuerdo con parte de lo que decía, pero no me sentía inestable en el amor. Estaba a punto de empezar a defenderme cuando él continuó:

—Eres muy leal a tus amigos y seres queridos, pero eso se debe a otra razón. Se debe a que tu sentido de la responsabilidad y el amor están muy desarrollados, y eso –hizo una pausa– es humano.

Con aspecto algo avergonzado, mi amigo retiró la mirada. No tenía ni idea de por qué se sentía avergonzado, y me quedé sorprendida cuando añadió:

—En algunos sentidos, te hemos hecho daño.

Elevó la mirada para comprobar el efecto de sus palabras. No me sentía dañada, pero tenía curiosidad por saber más. Él giró su rostro hacia mí y dijo:

—Vivir con los elementales ha dañado tu concentración, porque te aburres con facilidad, como nosotros.

Parecía que quería expresarlo todo de una vez y continuó:

—Y no sólo eso, sino que siempre estás descontenta con tu vida. Eso se debe a que en tu cuerpo y en tus recuerdos inconscientes conservas la magia que conociste viviendo con nosotros. Ahora el mundo humano ya no te resulta tan atrayente.

Podía perdonar fácilmente el hecho de haber perdido mi concentración, aunque sabía que era mi punto débil. Había batallado con el aburrimiento y la falta de autodisciplina durante muchos años. Lo que realmente me afectó fue el último punto sobre mi continuo descontento con el «mundo real».

Una imagen de mi infancia surgió repentinamente ante mí. Tenía unos ocho o nueve años y aún seguía enamorada de Peter Pan. Quería desesperadamente ir al País de Nunca Jamás, donde no tendría que crecer. En aquella época, mis padres tenían una ferretería en Toronto, y vivíamos en el apartamento situado justo encima. Un día, mientras estaban trabajando en la ferretería, vi los rayos de sol atravesar la claraboya de mi habitación, creando un arco iris en las partículas de polvo suspendidas en el aire. Parecía el polvo de hadas con que Campanilla rociaba a los niños para que pudieran volar.

Empujé mi tocador hasta el centro de la habitación, poniéndolo debajo del rayo con polvo de hadas. Usando una silla, me subí encima del tocador y me quedé allí, con los ojos cerrados, esperando que el polvo de hadas hiciera su efecto. Sentí la calidez del sol y mi espíritu se elevó. Deseando poder volar con todas mis ganas, salté del tocador al aire, y aterricé en el suelo, propinándome un buen golpe. Sin dejarme disuadir, volví a subir al tocador y lo intenté de nuevo. Volví a chocar contra el suelo. Continué haciéndolo una y otra vez hasta que finalmente me quedé tumbada en el suelo, amoratada, y entonces se abrió la puerta del dormitorio.

Mi madre examinó la habitación y sumó dos más dos. Enfadada, me dijo:

—Tendrás que dejar de saltar; se te oye en toda la tienda.

Después, salió cerrando la puerta. Ese fue el final de mi niñez. En ese momento me di cuenta de que, por más que creyera en el País de Nunca Jamás y deseara ir allí, nunca podría conseguirlo. Para mí, el reino de las hadas seguía existiendo, pero evidentemente había algo equivocado en mí por lo que no me dejaban ir.

Mi amigo leprechaun escuchaba atentamente sentado en el sofá, observándome revivir ese recuerdo.

—Estaba enamorada de la historia de Peter Pan porque era la puerta de vuelta al reino de las hadas, ¿no es así? –pregunté calladamente.

—Exacto. En otras vidas viniste a nosotros como una niña humana y querías hacerlo otra vez. Sin embargo, eso no era apropiado en ese momento de nuestra evolución. No lo es para ti personalmente ni para los humanos como raza. La historia de Peter Pan es importante para los humanos porque os recuerda un tiempo mágico en el que podíais venir a nuestro mundo y jugar sin límites ni confinamiento –continuó el leprechaun–. Es parte de la memoria racial humana.

—Entonces –dije yo, volviendo al punto original–, ¿hay cura para mi descontento dentro de las limitaciones de lo que puedo hacer en el mundo humano?

—Bueno, parte de la cura es darte cuenta de que muchas de estas limitaciones son imaginarias. Por ejemplo, puedes verme, y hablar conmigo y con muchos seres de otros reinos. Esto ya lo sabes –replicó él.

—Cierto, pero los demás humanos no siempre creen en esto –dije, recordando los años de rechazo.

—Deja de lloriquear –dijo mi amigo elevando la voz–. Muchos elementales consideran a los humanos como el enemigo que nos está matando. ¿Crees que todos los elementales aprueban que me ponga a estudiar a los humanos y que trabaje con ellos?

—Lo siento, tienes razón, por supuesto –repliqué escarmentada–. En cualquier caso, ¿qué puedo hacer con respecto al descontento?

—Disfruta de todos los regalos que te hemos dado –respondió–. Los regalos de la risa, la alegría, la curiosidad y el entusiasmo. Cuando expresas estos dones, los humanos se sienten atraídos y se abren a esas mismas cualidades en ellos. Esto es importante para que nuestras dos razas trabajen juntas en armonía. Asimismo, créeme, puedes hacer mucho más de lo que piensas. Puedes manifestar casi cualquier cosa que desees. Este es un poder increíble –comentó– pero, para ello, debes mejorar tu poder de concentración, lo mismo que tenemos que hacer los elementales.

—Para ser honesta –interrumpí–, tengo miedo de creer que puedo manifestar casi cualquier cosa que quiera porque eso conlleva una gran responsabilidad. Como no soy perfecta, ¿qué pasa si manifiesto algo que no es útil para mí o para los demás?

—El miedo, añadido a la conciencia, hace que no tomemos riesgos en la vida. Sólo sueñas el sueño pequeño –dijo mi amigo, levantando las manos con aparente exasperación–. Tienes que darte cuenta de que ya eres lo suficientemente amorosa y responsable. Eso es lo que nos estás enseñando, ¿recuerdas? Ahora tienes que practicar la concentración.

—De acuerdo, estoy convencida –respondí–. Dime cómo se concentran los elementales.

—Los elementales pueden trabajar en grupo para sostener pensamientos e incrementar el poder de sus respectivas manifestaciones –respondió el leprechaun–. En el pasado, hacíamos esto en los grandes proyectos, como durante la guerra o la construcción de ciudades. Asimismo, a veces nos dedicábamos a mantener algo en manifestación para que otro elemental pudiera tomarse un descanso.

De repente su rostro se puso muy triste. Luego continuó:

—Nuestro mundo ha cambiado mucho en los últimos cientos de años. Con la invasión de los humanos hemos tenido que abandonar grandes partes de nuestro mundo. Con la invasión de todos los pensamientos humanos ya no podíamos sostener nuestras manifestaciones. De modo que hemos perdido buena parte de la belleza y alegría de nuestro reino.

Mientras hablaba, pude sentir el peso de la responsabilidad que soportaba en bien de su gente, y su deseo de crear una nueva forma de vida para ellos.

—Me sorprende que, como elemental, puedas sentirte tan responsable de tu raza –dije.

Aún con aire abatido, replicó:

—Tienes razón, los elementales no solemos tener este aspecto. Pero esto es lo que el grupo al que pertenezco esta desarrollando.

—Estás haciéndolo muy bien. Das una sensación casi humana, pero es una pena que te pongas tan triste –dije, sintiendo lo familiar que me resultaba el peso de la responsabilidad.

—Ambos perdemos algo cuando aprendemos de nuestras respectivas evoluciones –replicó el leprechaun–. Los humanos suelen sentirse tristes porque, apesadumbrados por el deber y la responsabilidad, la alegría los abandona. Nosotros, los elementales, estamos tratando de encontrar el modo de sentirnos ensalzados por la responsabilidad, para no perder la esencia de nuestra raza.

—Estoy de acuerdo —dije—. No hay razón por la que los humanos no puedan mostrarse alegres y responsables al mismo tiempo.

—Y yo estoy obteniendo otra cosa de los humanos —continuó con una nota más animada—. Estoy aprendiendo a amar. Vosotros vais muy por delante de nosotros en esto. Vuestro amor, no sólo por vuestros amigos y familiares, sino incluso por los extraños, es admirable. Negándonos los placeres inmediatos, estamos aprendiendo a amar. No todos los elementales lo consiguen, por supuesto, pero ahora estas semillas han sido sembradas en nuestra evolución. Cuanto más nos asociamos con huma- nos espirituales, más aprendemos a amar.

Tuve una comprensión repentina.

—Si yo te quiero —pregunté—, ¿puedes alimentarte de mi amor como te alimentas de las tostadas y del té?

Él sonrió, con un resurgir de su descaro.

—¡Absolutamente! —respondió—. Cuanto más nos amen los humanos, más podemos sentir esa emoción y reproducirla en nosotros. Como ya sabes, eres lo que comes.

—Pero, incluso si los elementales son inconstantes en su amor mutuo, ¿no aman a la Tierra? —me pregunté en voz alta.

—En nosotros eso es instintivo —replicó el leprechaun—. Los elementales queremos crear un mundo de belleza y alegría, y por eso embellecemos la Tierra. En nuestro grupo, estamos enfocando la atención en lo que es más necesario tanto para nuestra gente como para otros pueblos del planeta. Este comportamiento es nuevo para nosotros. Al comportarnos así, estamos desarrollando nuestro libre albedrío; ese es el propósito de la opción que hemos elegido.

Al escucharle, de repente me di cuenta de que eso era similar al voto del Bodhisatva que toman los budistas, que consiste en reencarnar hasta que «todos» los seres sensibles estén iluminados y se conviertan en creadores conscientes.

—Lo es –dijo él–. Recuerda que cuando nos encontramos por primera vez te dije que este verano íbamos a pasar la misma prueba y a tomar la misma iniciación.

Durante nuestra conversación se había producido un cambio importante. Antes, siempre nos enfocábamos más en las diferencias entre los elementales y los humanos. Ahora podía ver que somos similares en muchos sentidos.

—Definitivamente ya es suficiente por hoy –dijo él bostezando y estirándose–. Tienes que salir y aclarar tu mente para poder meditar por la tarde.

—¿He oído bien? –bromeé–. ¿Quieres que medite? Creía que me estabas salvando de la meditación.

—La meditación es buena para generar disciplina –replicó, poniéndose de pie–. Simplemente no queremos que te excedas. ¿No estamos ambos interesados en el equilibrio del camino medio?

Con esto desapareció, y en el imperceptible eco que siguió, oí:

—Nos vemos mañana.

Capítulo 9
Un día cualquiera

Mañana no debe de significar lo mismo para los leprechauns que para los humanos, porque pasaron muchos días antes de nuestra siguiente conversación. Las jornadas transcurrían filtradas por la lluvia y la niebla gris, y yo fui desarrollando mi rutina. Despertaba hacia las ocho de la mañana, me ponía el jersey de lana sobre el pijama y me sentaba a meditar en la cama. El ambiente era tan húmedo que podía sentir la humedad pegarse a mi piel e infiltrarse en mi ropa. Parecía no haber diferencia de temperatura entre dentro y fuera de la casa. De hecho, con la humedad de las paredes de piedra es posible que hiciera más frío dentro.

Hacia las nueve de la mañana, el estómago vacío finalmente me ofrecía suficiente incentivo para abandonar la comodidad de mi cama por una taza de té. Mientras esperaba que el agua hirviera, llenaba tres botellas con agua caliente y las ponía bajo una manta sobre el sofá para calentar el asiento. Pasaba las mañanas corrigiendo las pruebas del libro *Decoding Destiny*, que había estado escribiendo ese año. Cuando acababa, dirigía mi atención a la *Divina comedia* de Dante y contemplaba mi propio viaje a través de las estancias del infierno que Dante describía tan bien.

En torno al mediodía, después de comer unas rebanadas de pan tostado irlandés, me ponía un impermeable «resistente al agua» que me llegaba hasta las pantorrillas y el pañuelo reina Isabel, y bajaba paseando por el camino hacia el mar.

Durante esa meditación caminando, iba abandonando lo que ya no era positivo y constructivo en mi vida, y dando la bienvenida a lo que sí lo era. Para evitar encontrarme con gente y poder mantener el silencio, rodeaba el pueblo. Día tras día caminaba bajo la lluvia durante horas, a través de senderos y por la playa, donde el estallido de la espuma del mar soltaba los nódulos que me mantenían de una pieza, desatando viejos miedos, enfados y heridas. Cada gota de agua disolvía mi viejo yo y fertilizaba el nuevo terreno de plantación. Ocasionalmente, mi amigo leprechaun me acompañaba durante esos paseos, pero, en general, me dejaba en paz para que pudiera contemplar en silencio.

Algunos días me encontraba en un pozo de desesperación, y mis lágrimas se mezclaban con las gotas de lluvia. Con el corazón dolorido, iba poniendo un pie delante de otro. Otros días el sol salía brevemente, catapultándome a un estado de alegría y amor por la vida. Los lirios amarillos y violetas, las margaritas blancas y los tréboles morados de los campos brillaban cuando el sol acariciaba sus pétalos mojados, y los arcoíris se extendían sobre el mar, prometiendo un mañana maravilloso.

Si esos momentos se hubieran prolongado... Como Wordsworth en sus *Intimations of Inmortality*, volvía a la inocencia de mi infancia, recordando las alegrías de estar plenamente despierta a la naturaleza. Entonces mi sangre volvía a cantar, la alegría se encendía de nuevo en mis venas y celebraba mi buena suerte por estar exactamente donde estaba en ese mismo momento.

Durante esas caminatas me permitía experimentar plenamente cualquier pensamiento que tuviera y cualquier sentimiento que sintiera. Era una buena limpieza de primavera. Unas pocas veces por semana entraba en el pueblo para comprar comida. El supermercado era una carrera de obstáculos en la que tenía que sortear los ojos de los curiosos, pero, aparte de la pre- gunta habitual: «¿Cómo le va en casa de los Davidson?», me de- jaban en paz. Siempre procuraba estar en casa para la visita dia- ria de la señora O'Toole y el ritual de encender la turba.

La señora O'Toole nunca me preguntaba cómo pasaba los días o las noches. Un día recibí un paquete de chocolate de casa y le ofrecí un poco junto con la taza de té.

—Eso estará bien —replicó, tomando educadamente una pastilla y sentándose en silencio mientras esperaba que la turba prendiera.

Transcurridos unos minutos, cuando la turba ardía con fuerza y su olor dulzón llenaba la habitación, volví a ofrecerle otra pastilla de chocolate. Exhibiendo su sonrisa desdentada, y con los ojos chispeantes de un niño que recibe una invitación inesperada, tomó otro gran pedazo.

Ocasionalmente, mi amigo leprechaun me visitaba cuando la señora O'Toole estaba allí, y el día del chocolate fue una de esas ocasiones. Como no quedaba sitio en el sofá, se sentó en una de las sillas del comedor, con el cuaderno y el bolígrafo en su regazo, y tomó abundantes notas.

Cuando se fue la señora O'Toole, me giré hacia él y le pregunté:

—¿Qué has descubierto?

—Fascinante, fascinante —dijo con su mejor voz de profesor británico y unos quevedos colgando de su bulbosa nariz.

Dando golpecitos con el lápiz sobre el cuaderno para reforzar su argumentación, continuó:

—Cuando tu golosa amiga y tú os sentáis juntas, la energía que os rodea a ambas cambia. Normalmente, tu energía es más como un arroyo burbujeante, rebotando contra las rocas, y la suya es como el océano, con las olas entrando y saliendo. Cuando estáis juntas, tú eres más como el océano, y ella es más como un arroyo burbujeante. Ella te calma y tú reactivas su travesura. ¿Sabes que tiene nuestra sangre? –dijo, mirando por encima de sus gafas.

—¿Qué tipo de elemental es ella? –pregunté.

—Es de una casta con la que no has tenido mucho contacto –replicó, volviendo a ponerse las gafas sobre la nariz y extendiendo los brazos con gesto dramático–. Pertenece al «pueblo de las vacas». Trabajan con todo tipo de animales y saben todo lo que estos piensan y sienten. Ella extiende su energía a través de ti, lo mismo que hace con los animales, y te afecta como lo harían un gato o un perro. Cuando está con las vacas y su perro pastor, no necesita hablar. Se entienden mutuamente. Lo mismo ocurre entre vosotras. No habláis mucho, pero os asentáis cada una en el aura de la otra y os afectáis mutuamente.

Le interrumpí para preguntar:

—¿Es eso lo que has observado cuando nos mirabas antes?

—Sí –replicó–, la había visto con los animales y estaba ansioso por ver si tenía el mismo efecto sobre ti.

—Siento curiosidad por ver esas notas que has tomado –dije, señalando su cuaderno.

—No, no, no –respondió, llevándoselo al pecho–. No te interesarían.

—En realidad, estoy interesada porque no tenía ni idea de que podías escribir –respondí, inclinándome hacia el cuaderno.

—Tenemos un tipo de escritura –me cortó, retirándose todavía más.

Tratando de tranquilizarle, me relajé y proseguí:

—¿De modo que estás diciendo que no leéis ni escribís como los humanos? Relajándose, con el cuaderno de nuevo sobre su regazo, replicó:
—Eso es correcto.

Abrumada por la curiosidad, le ofrecí mi sonrisa más zalamera y le pregunté:
—Por favor, ¿podría echar una mirada a lo que has estado anotando?
—Probablemente no lo entenderías –me advirtió, pero notaba que iba cediendo.

De repente me di cuenta de que parte de su renuencia a mostrarme su cuaderno tenía que ver con la falta de dominio de las capacidades humanas de leer y escribir. Eso fue un golpe para su orgullo.

—Me interesa aprender tanto sobre los elementales como a ti sobre los humanos –dije, proyectando confianza y respeto hacia él.

Mi amigo se sentó hacia delante y extendió su cuaderno para que pudiera verlo. No había más que una página en blanco. Levantando la vista, admití:
—No puedo ver nada.
—Eso es porque nosotros pensamos algo sobre la página y la página nos transmite las imágenes que hemos pensado sobre ella –respondió, haciéndome un gesto para que lo probara.

Volví a mirar, y pude ver a la señora O'Toole y a mí misma grabadas exactamente tal como habían sido las cosas, moviéndonos como una holografía. Era una imagen tridimensional, muy superior a nuestras imágenes bidimensionales de televisión. Para mis ojos humanos, todavía era vaga y difusa, pero pude verla. Miré a mi amigo y sonreí por el éxito conseguido.

—No somos muchos los elementales que hacemos esto, principalmente sólo los eruditos y los sanadores –dijo él, devolviéndome la sonrisa–. Los elementales leemos los libros humanos del mismo modo que nos comunicamos con vosotros, es decir, telepáticamente. De ese modo, podemos leer el francés y el alemán. Las novelas son más fáciles de leer porque podemos ver las imágenes que el autor empleó al escribirlas. Nos resulta más difícil leer libros de ciencia, a menos que el autor haya pensado en imágenes al escribirlos. En nuestro mundo no hay necesidad de escribir. Los elementales podemos pensar y crear lo que deseamos, de modo que, para qué guardar un recuerdo de ello. El espacio y el tiempo no son barreras para nosotros, de modo que podemos ir al pasado o al futuro y crear lo que fue y lo que será. Los humanos no pueden viajar en el espacio y en el tiempo, y por eso necesitan registrar los acontecimientos. Nuestros eruditos han aprendido a leer y escribir porque los humanos lo necesitáis.

Entonces entendí que el modo en que los elementales leen, escriben y hablan tiene que ver con la mente más que con el movimiento de los ojos, las manos y la boca. Me di cuenta de que los humanos también podemos manifestar estas cualidades si practicamos.

—Tienes razón –dijo el leprechaun–, y tú serás capaz de hacer esto en el futuro. Los humanos tenían estas capacidades en la Atlántida, pero las han olvidado. La fuerza mental y la fuerza de la voluntad son claves en el proceso de manifestación para todos los seres. Los humanos existen en una realidad más densa que los elementales, y por eso debéis trabajar físicamente, además de mentalmente, para manifestar lo que queréis. En general, las mentes de los humanos son más fuertes que las de los elementales porque, para manifestar cualquier cosa, los humanos tienen que superar la resistencia de su realidad más densa usando el poder de su voluntad. Este tipo de resistencia los fortalece. Por desgracia, hay muchos humanos de mente débil que se limitan a seguir los pensamientos y sentimientos de otros. No aprenden a ejercitar su propia mente porque eso requiere más esfuerzo.

»Hay muchos más humanos que elementales que no están manifestando su potencial. En general, los humanos son demasiado pasivos, pero los que son capaces de manifestar son mucho más fuertes que casi todos los elementales.

Siguiendo la línea de pensamiento de mi amigo, empecé a preguntarme si los elementales usaban sus cuerpos para crear productos o si todo estaba en sus mentes.

—¿Vuestros zapateros fabrican realmente zapatos físicos o se limitan a crear la ilusión de que están fabricando zapatos? –pregunté.

—Nuestros gremios de artesanos –empezó– fabrican cosas que son físicas en nuestra realidad. Trabajan con elementos más pesados que la mayoría de los demás elementales. Los artesanos de estos gremios son los que más se acercan a los seres humanos en su capacidad de trabajar con la realidad física. En vuestro folclore, hay historias de seres humanos que reciben objetos de una artesanía soberbia fabricados por los elementales. Nuestros artesanos hacen unas joyas preciosas a partir de gemas, oro, plata y cobre. Algunos gremios fabrican armas; otros, libros preciosos con cubiertas maravillosas y márgenes para las imágenes. Nuestros curanderos tienen mentes fuertes y piden a las flores y a los árboles que los provean de su esencia de vida para fabricar las pociones que les permiten curar a otros seres. Simplemente mirando un árbol, un ser humano o un animal, nuestros curanderos saben la esencia que ese ser necesita, y pueden pedirla en algún lugar de la naturaleza. El reino natural entrega su esencia a nuestros curanderos porque, al hacerlo, colabora con el plan divino del creador, como todas las criaturas vivientes.

Mientras mi amigo hablaba, recordé las prácticas humanas de la homeopatía y la aromaterapia, y dije:

—Algunos humanos también curan de manera similar.

—Sin duda –afirmó con la cabeza.

—¿Trabajan los seres humanos con el reino elemental cuando practican estas técnicas de curación?

—Sí, claro –continuó–. Los humanos también trabajan con el reino elemental cuando cultivan alimentos. Cuando vuestros granjeros siembran una semilla en la tierra, imaginan que crece hasta hacerse una planta fuerte que da buenos frutos. Si mantienen esa imagen en su mente, por regla general obtienen lo que han imaginado, siempre que la semilla sea fuerte, la tierra buena y tenga sol suficiente. En cualquier caso, el granjero tiene que trabajar con la naturaleza para sembrar la semilla. No puedes sembrarla en cualquier parte. Los humanos podrían crear alimentos maravillosos, preciosos jardines y árboles saludables si escucharan lo que la naturaleza quiere, y si tuvieran la habilidad de visualizar lo que desean que ocurra.

Capítulo 10
Una cita nocturna

Estaba aburrida y no quería volver a comer sola en casa. Las comidas sencillas que preparaba en la cocinilla de dos quemadores no llegaban a nutrir mi alma. Cuando pensaba en un pastel hecho en casa, cualquier pastel, se me hacía agua la boca. Durante mis caminatas había descubierto una pequeña posada a la orilla del mar, en las afueras del pueblo, y la había reservado para una emergencia como esa. De modo que, hacia el final de la tarde, saqué del armario mis mejores prendas, mi falda y mi blusa, y las extendí cuidadosamente sobre la cama.

Para saborear mejor la novedosa experiencia de salir una noche, decidí darme el lujo de tomar un baño caliente. Troté hasta el baño y, retirando cuidadosamente la araña posada sobre la bañera, la dejé en una esquina.

—Quédate –le ordené, y ella me hizo caso por un instante. Las arañas son como los gatos. Viven cerca de los humanos, pero se niegan a renunciar a su independencia.

Los anticuados grandes grifos crujieron ruidosamente, y en menos de un minuto el vapor llenó la habitación. Como no era una bañera de burbujas, puse un poco de champú debajo del agua corriente y lo disolví. Tras quitarme la ropa rápidamente para evitar el aire húmedo y helado, me deslicé dentro de la espuma. Delicioso. Suspirando, me hundí profundamente debajo del agua y cerré los ojos en un momento de dicha. Al abrirlos, vi al leprechaun encima de mi ropa, que había depositado sobre la tapa del retrete. Me observaba en silencio. Tomé la toallita de aseo y me la puse sobre el pecho.

—¿Qué tal un poco de intimidad? –dije, mirándole enfurecida mientras me sumergía más en el agua.

—Simplemente imagina que soy tu amante o tu marido y que tenemos una cita –exclamó él, cruzando una pierna sobre la otra en un intento de parecer despreocupado. Habría resultado más convincente si los pies le hubieran llegado al suelo.

—¿Una cita? –respondí–. Creía que me correspondía salir una noche por buena conducta. Yo sola conmigo misma, y no contigo.

—¿Vas a negarme la plena experiencia de uno de vuestros rituales humanos más importantes?

—Que es... –le corté antes de que pudiera terminar.

—Una cita, por supuesto –dijo ofendido.

Aún sosteniendo la toallita sobre el pecho, me incliné hacia delante para abrir más el grifo del agua caliente. Recostándome de nuevo sobre la bañera, cerré los ojos para considerarlo. Él conseguía que yo viera las cosas de manera diferente, y era una excelente compañía, pero... ¿pensaba que nos haríamos amantes?

Abrí los ojos de par en par y le encontré sonriéndome con gesto travieso.

—¿Por qué no nos limitamos a ir minuto a minuto y dejamos que ocurra lo que tenga que ocurrir? –dijo con buen humor.

Tratando de hacer que me relajara, retomó su pose erudita y me preguntó–: ¿Cómo está el baño?
Riéndome, le dije:
—¿Por qué no te quitas la ropa y vienes?
—Supongo que me toca el extremo de la bañera donde están los grifos –dijo él, bajando los ojos con desaprobación.
—Por supuesto –dije yo–; las damas siempre consiguen el lado más cómodo.
En un abrir y cerrar de ojos estaba metido hasta la barbilla; sólo se le veía la cabeza sobre la espuma. Los grifos habían desaparecido, y la parte de la bañera que quedaba a su espalda era una réplica exacta de la que estaba detrás de mí. Se inclinó hacia atrás, extendió los brazos desnudos sobre el borde de la bañera y dijo con ojos burlones:
—¿Por qué sufrir innecesariamente? En mi mundo, nadie tiene que reclinarse sobre los grifos.
Mientras él hablaba, los grifos surgieron en un lado de la bañera, exactamente a medio camino entre nosotros. Se inclinó hacia delante y abrió un poco el agua fría.
—¿A todos los humanos os gusta tan caliente? –exclamó, abanicándose la cara, roja como una remolacha.
—Creo que a las mujeres nos gusta más caliente que a los hombres –repliqué–. Pero nunca he hecho un estudio; esto que te digo sólo se basa en mi experiencia personal.
Su cuaderno apareció sobre su cabeza y, lápiz en mano, registró lo que le había dicho. Yo volví a cerrar los ojos para relajarme e inmediatamente tomé conciencia de que mi cuerpo se extendía por su zona de la bañera. Avergonzada, recogí las rodillas y abrí los ojos.
—¿Cuál es el problema? –preguntó, sonriendo con satisfacción.

—Ya sabes cuál es el problema. Estamos los dos desnudos y yo me siento incómoda sin saber qué esperar a continuación –repliqué.

—«A continuación» ya ha ocurrido –dijo él, dejando que sus brazos se hundieran debajo del agua–. El agua conduce las vibraciones de cada uno de nosotros hacia el otro mejor que el aire, de modo que ya estamos tocándonos y nuestras esencias se están mezclando. Empezó a ocurrir en cuanto salté al agua.

Sentándome erguida y volviendo a poner la toallita en posición, exclamé:

—¡Podrías haberme preguntado si me parecía bien!

—Bueno, ¡tú me invitaste! –respondió, asumiendo el papel de amante incomprendido.

Riéndome de lo hilarante de nuestra situación, le lancé una oleada de espuma a la cara. Si quería jugar a tener una cita, más le valía disfrutar de la invitación al completo. Con un destello de maldad en los ojos, chasqueó los dedos y la ola volvió hacia mí, retirando la toallita de mis pechos.

—Me rindo, me rindo –dije riéndome–. Tienes una cita para esta noche, pero, como es una «nueva» cita, no puedo afeitarme las axilas mientras estás aquí, de modo que vas a tener que irte.

—Bueno, finjamos que soy una «antigua» cita, porque quiero contemplar eso –dijo él.

Me encogí de hombros, tomé la hoja de afeitar y dije:

—Te lo permito en interés de tu estudio de los humanos.

Entonces, con toda la dignidad que pude reunir, procedí a enjabonarme las axilas. Levanté el brazo izquierdo por encima de la cabeza, contemplé cómo me habían crecido los pelos durante las dos últimas semanas y los ataqué con gusto.

Mi amigo se inclinó y examinó el procedimiento con admiración.

—Las mujeres elementales no se afeitan las axilas –dijo él.

—¿Quieres decir que no tienen pelos? –pregunté.

—Bueno, los goblins, los gnomos y algunos otros tienen pelo en muchos lugares, pero nuestras damas élficas de la casta principesca no lo tienen, y ese es más tu aspecto ahora mismo.

Se sonrojó mientras hablaba. Noté que se sentía atraído por alguna de esas damas, pero no podía ser su amante. Al captar mi pensamiento, se sonrojó todavía más.

—¿Por qué no puedes ser su amante? –pregunté delicadamente

—Somos de distintas castas, y las castas no comparten energías sexuales. Es tabú –declaró él.

—¿Por qué? –pregunté rápidamente, con creciente curiosidad.

—Como he mencionado antes, nosotros, los elementales, somos más ligeros que los humanos y, cuando empezamos a encarnar, tenemos poca sustancia y apenas sabemos quiénes somos. Si mezclamos nuestras energías con las de otra casta en ese momento, podríamos olvidarnos completamente de nosotros mismos y ser aniquilados. Por tanto, los seres que controlan nuestra evolución nos instruyen para que no lo hagamos.

—Los humanos no somos tan diferentes, sólo es cuestión de grados –afirmé–. Cuando practicamos el coito sexual con otro ser humano, llevamos su vibración con nosotros durante mucho tiempo. Por eso pensamos tanto en nuestros amantes. Es una diversión maravillosa, pero los amantes nos distraen de otras partes de nuestra vida. Pocos humanos mueren de amor, pero algunos se obsesionan con él.

—Los humanos tienen unos egos mucho más fuertes que los elementales, de modo que no corréis el peligro de perderos a vosotros mismos como lo corremos nosotros –observó mi amigo leprechaun.

—Cuando los egos de los elementales se fortalecen a medida que van madurando, digamos, hasta la etapa en la que tu estás ahora –dije, gesticulando, a mi amigo–, ¿pueden intercambiar energías sexuales con miembros de otras castas?

Él hizo un gesto de incomodidad y respondió:

—Ocurre ocasionalmente, pero nuestra sociedad no lo aprueba, y quienes lo hacen suelen quedar exiliados de sus castas y aislados de sus semejantes.

—No lo entiendo. Muchos humanos han vivido en vuestro mundo y han sido amantes de elementales, y no hubo tabú para ellos. ¿En qué son diferentes? –pregunté.

Algo avergonzado, respondió:

—Los humanos son nuestro escape sexual. Vosotros sois una combinación de muchas de nuestras castas, todas juntas. Algunos sois altos y elegantes, como nuestros elfos. Otros sois bajitos, gruesos y tenéis las piernas arqueadas, como nuestros enanos. Algunos incluso os parecéis a mí –dijo riéndose de su propia gracia–. Asimismo –continuó–, los humanos que se sienten atraídos por nuestro mundo aprenden de nosotros tanto como nosotros aprendemos de ellos. Generalmente los que toman como amantes a seres humanos son de casta noble. Los elfos tienen egos más fuertes y este compartir energías los fortalece todavía más. Esto conlleva algunos peligros, pero tenemos mucho que ganar cuando compartimos energía sexual con los humanos. Es como recibir una transfusión de sangre de vuestra esencia. Cataliza nuestra evolución para convertirnos en creadores en este planeta.

Escuchando su explicación, me pregunté por los posibles peligros para los humanos.

—Los peligros para los humanos –dijo él, respondiendo a mi pensamiento– es que se enamoran tanto de la belleza, la magia y la alegría de nuestro mundo que no quieren irse. A los elementales, especialmente a los elfos, la ancianidad les parece aborrecible; por tanto, cuando los humanos empiezan a envejecer, es posible que los elementales no quieran seguir a su lado. Entonces se quedan cada vez más aislados, y si vuelven al mundo humano, todos sus amigos y familiares ya estarán muertos.

Sentí un escalofrío. El agua del baño se había enfriado rápidamente. Debatiéndome entre salir o añadir más agua caliente, me quedé sentada unos segundos sin hacer nada. Tenía muchas más preguntas que plantear, pero me sentía cada vez más incómoda. Repentinamente, mi amigo volvía a sentarse sobre la tapa del retrete. Estaba envuelto en una toalla morada que reflejaba distintas imágenes.

—No te enfríes –dijo, poniéndose de pie y yendo hacia la puerta–. Podemos continuar esta conversación de camino hacia la cena.

Una vez sola, levanté el tapón de la bañera y el impacto del aire húmedo en mi cuerpo hizo que me pusiera a temblar. Agarré la toalla, me froté vigorosamente para mantenerme caliente y me dirigí al dormitorio. Aún quedaba algo de luz fuera y había dejado de llover. Me puse medias por primera vez en muchas semanas y me deslicé dentro de la falda sin demasiada dificultad; el pan con mantequilla irlandés estaba creando una prominencia alrededor de mi cintura. Cuando me abrochaba la blusa, sentí un frío familiar en los huesos y supe que volvería a necesitar el jersey. Como se trataba de una ocasión especial, me puse las lentillas, me pinté los labios y los ojos, y ya estaba lista para «mi cita».

«Es una pena que no pueda pagar», fue mi último pensamiento cuando me eché el bolso al hombro y salí del dormitorio. El leprechaun esperaba en la puerta delantera. Llevaba puesta una chaqueta de seda negra y una capa. Al verme, se quitó la chistera e hizo una profunda reverencia.

—Señora mía, tiene un aspecto maravilloso –dijo caballerosamente.

—Y usted también, señor –devolví con cortesía.

Salimos juntos por la puerta hacia el camino. Giramos a la derecha, hacia el pueblo, y me asombró contemplar dos filas de elementales alineados a ambos lados del camino, observándonos. Mi amigo leprechaun me cogió del brazo, se irguió hasta su plena estatura de poco más de un metro y, saludando con movimientos de cabeza a un lado y a otro, empezó a caminar. De ambos lados surgían aplausos y aclamaciones. Aquella noche éramos la diversión del vecindario.

Mi amigo disfrutaba enormemente del espectáculo. Estaba segura de que les había avisado con antelación sobre nuestra salida. Siguiendo su ejemplo, yo gesticulaba y sonreía, tratando de reprimir mis sentimientos de repulsión cuando un goblin con la cara llena de verrugas, los ojos rosas y las manos como zarpas se me acercó demasiado. Me di cuenta de que la pareja de mi amigo y los dos pequeños lepris estaban entre la multitud, animando tan cálidamente como el resto. Allí no existían los celos.

Sólo habíamos caminado unos metros cuando apareció una alfombra roja bajo nuestros pies y los aplausos aumentaron. Miré más de cerca a mis vecinos y noté que procedían de muchas castas –leprechauns, enanos, goblins y gnomos– pero no había representantes principescos. Aquella noche, nosotros parecíamos asumir el papel de nobles.

A medida que caminábamos, los elementales rompieron filas y nos siguieron, empujándose unos a otros para poder ver mejor. Pero pronto se cansaron y nos dejaron solos. Una vez acabado el espectáculo, retiré suavemente el brazo y esperé a que mi amigo comenzara a hablar.

—Les gusta que los humanos den un poco de juego y esta ha sido una oportunidad perfecta –musitó.

—No puedo estar más de acuerdo –repliqué–. Preferiría encontrarme con algunos de ellos a la luz del día y contigo a mi lado, que hacerlo en soledad.

Levantando las cejas, mi amigo volvió a evaluarme y comentó:

—Siempre me sorprende que algunos elementales aterrorizan a los humanos únicamente por su aspecto.

—No es sólo su aspecto, también su energía. Siento que algunos son malevolentes –dije, corrigiéndole.

—Entiendo lo que dices –accedió el leprechaun–, pero si los humanos tuvieran los egos fuertes, ninguno de estos elementales podría afectarlos. El problema surge cuando los humanos tienen miedo y sus egos se colapsan. Esto permite a los goblins entrar en su aura y robarles su energía vital.

Mientras hablaba, una nube oscura tapó la puesta de sol, haciendo que me orientara hacia dentro. Sentí que mi propia aura se colapsaba tal como él había descrito, y pensé que en la oscuridad las personas somos mucho más vulnerables a la entrada de seres y pensamientos malévolos.

Continuando con mis pensamientos, mi amigo comentó:

—En el baño estuvimos hablando de los tabúes del mundo elemental respecto a compartir nuestra energía sexual con otras castas. Ahora me gustaría explicarte lo que se nos permite hacer. Se nos permite compartir nuestra energía a través del contacto y también a través de los ojos, los oídos y la voz. Los más fuertes de entre nosotros también podemos conectar mediante nuestros pensamientos, tal como haces tú. Cuando tú y yo estábamos juntos en el baño, nuestras energías empezaron a fluir hacia el otro a través del agua. Tu mente es tan fuerte que te basta con pensar que tu energía va hacia alguien y la energía te obedece. Esto no se debe únicamente a la fortaleza de tu mente, sino también al hecho de que eres curandera.

Desde hacía mucho tiempo había sabido que lo que me decía el leprechaun era cierto. Frecuentemente, cuando daba cursos, algunas personas venían a comentarme que sentían que les hablaba directamente a ellas. También sabía que podía notar los dolores de cabeza y otras molestias en el cuerpo, aunque no me lo contaran. Y si las personas me hablaban de algún dolor, podía sentir la energía saliendo de mí para curarlas.

Caminábamos lentamente hacia el pueblo mientras yo reflexionaba sobre las propiedades de la energía positiva. Al empezar a pensar en los efectos de la energía negativa, el leprechaun me interrumpió:

—¿A qué te refieres con eso de la energía negativa? –quiso saber.

—Estaba pensando en algunos de los goblins y gnomos del camino que querían tomar mi energía. Parecían avariciosos y malévolos. ¿Tienen algún efecto positivo sobre los demás y sobre el mundo? –pregunté.

—¿Crees que tus humanos son muy diferentes? Hitler y otros como él mataron a millones de personas, pero como eran físicamente atractivos, los humanos no veían su malevolencia. En nuestro mundo, el aspecto y la forma de ser coinciden. No hay más elementales malévolos que humanos malévolos –dijo el leprechaun malhumorado, defendiendo a sus semejantes.

—Tienes razón, pero ¿existe algún propósito positivo para los seres de ambos mundos que se dedican a robar energía a otras formas de vida? –pregunté, sin querer abandonar el tema hasta comprenderlo completamente.

—Por supuesto que lo hay –afirmó con su voz de profesor–. Cuando los elementales o los humanos plantan cara a los que roban la luz del mundo, se fortalecen. Se acercan un paso más a ser creadores. Dejar sin energía a los malos hace que se encojan y tengan que dirigirse a seres más débiles para robarles su energía. Si no hay seres más débiles, entonces, para sobrevivir, han de empezar a tener pensamientos positivos y a hacer cosas positivas en el mundo para atraer energía hacia ellos.

Las palabras de mi amigo concordaban con las del maestro cherokee con el que yo estudiaba. Había aprendido de él que buscamos a los tiranos para que nos enseñen ciertas lecciones. Es posible que tengamos algo pendiente con la ira, la autoconmiseración, el miedo, la avaricia o la lujuria. Si es así, atraemos a las personas que activan estas reacciones para fortalecer nuestro ego y superar nuestras debilidades. Aunque no estaba libre de los demás vicios, mi punto débil era el miedo, y solía mostrarme renuente a emplear mi propio poder. Buena parte de mi miedo venía de vidas pasadas en las que había sido asesinada, quemada en la hoguera, etc. por usar mis poderes.

Aun así, podía recordar algunas ocasiones en las que mi espíritu guerrero había surgido para defender a personas atacadas por seres malévolos. En una ocasión, hace algunos años, una amiga me invitó a una charla que daba una organización de transformación personal muy conocida. Después de haberme resistido educadamente a todos los esfuerzos de la conversa por inscribirme en el curso, me había dejado en paz. Estaba tranquilamente a un lado, y me di cuenta de que el principal orador de la noche estaba atacando a una mujer joven.

—Estás jodida. Si no te apuntas al curso, no vas a poder poner orden en tu vida –le decía vehementemente. La joven se sentía devastada por sus palabras; le caían lágrimas por las mejillas.

En ese momento, el hombre se giró y vio que le estaba observando. Una mirada de odio cruzó su cara. Vino apresuradamente hacia mí, furioso porque había sido testigo de su conducta, y comenzó a agredirme verbalmente. Inmediatamente me sentí rodeada por un escudo que me protegía de su ataque. Entonces una poderosa energía me subió por la columna, potenciando mi aura. Con inconmovible fuerza y certeza, respondí a las acusaciones del tirano diciendo:

—Si crees eso, no me conoces.

Sus ojos fueron incapaces de encontrarse con los míos y rápidamente se retiró en busca de presas más débiles. Entonces me puse a hablar con la mujer que estaba llorando, tratando de reparar el daño que había sufrido. Su campo energético estaba lleno de agujeros causados por los misiles verbales y a través de ellos perdía mucha energía. Gran parte de estas «sectas» son peligrosas. Tratan de destruir los egos de las personas para poder reprogramarlas con las creencias de la secta.

—¡Aquí estamos! –anunció el leprechaun; su voz me sacó de mis reflexiones. Cuando levanté la vista, me di cuenta de que habíamos llegado a El Unicornio, y mi amigo había desaparecido repentinamente.

Capítulo 11
Comer fuera

El Unicornio era un pequeño establecimiento de propiedad familiar, chapado a la antigua. Sólo tenía planta baja, como muchos moteles baratos en Norteamérica, pero ahí se acababa el parecido. Situado sobre los arrecifes que miraban al mar, sus gruesas paredes de piedra estaban desgastadas por las tormentas que soplaban desde el Atlántico. Estaba pintado de blanco, tenía rosas colgando de la entrada y sus enormes puertas daban a un patio interior usado para comer y tomar el té en verano. En el otro extremo había una gran puerta que se abría al comedor. Tiré de ella y sus crujientes bisagras anunciaron mi llegada. Todas las cabezas se giraron para examinar a la mujer sola que había salido a cenar.

Solté el aliento contenido y, mirando alrededor, vi a mi amigo leprechaun sentado en una mesa junto al fuego. Me saludó con la mano. Los demás comensales continuaron comiendo, y una chica de pelo negro y amplia sonrisa se me acercó por la derecha.

—¿Cena para una? –preguntó con voz cantarina.

—Sí –repliqué mientras me llevaba a la mesa elegida por el leprechaun. Ella se inclinó para retirar el otro cubierto de la mesa y yo le dije:

—Está bien, puedes dejarlo.

Me miró como pensando: «Los extranjeros tienen extraños hábitos», y dirigiéndome una amable sonrisa, preguntó:

—¿Le gustaría beber algo antes de cenar?

Mi amigo afirmaba exageradamente con la cabeza, pero yo no veía el modo de pedir dos vasos de vino sin convertirme en la «comidilla» del vecindario. Deteniéndome a considerarlo, repliqué:

—Espera un momento, gracias.

Sin apenas esperar que se fuera, mi amigo se confrontó conmigo:

—¿Era eso absolutamente necesario?

—No me importa invitarte a un trago –respondí telepáticamente defendiendo mi acción–. Simplemente estoy tratando de ver cómo hacerlo sin levantar sospechas. ¿Tienes alguna idea?

—Claro. Pide media botella y sírvenos un vaso a cada uno –respondió.

—Sabes que esta gente sólo ve una persona aquí –dije–. ¿Qué pensarán de mí si lleno dos vasos?

—Tu problema es que siempre piensas qué pensarán los demás. ¡Simplemente hazlo! –dijo él, presionándome.

En ese momento volvió la niña:

—¿Ya sabe lo que quiere? –me preguntó con su amable sonrisa.

—Media botella de vino blanco, por favor –respondí y, abriendo el menú, continué–: Pediré la cena en un minuto.

La niña se fue en busca del vino y mi amigo leprechaun me miró con aprobación. Examinando el menú, le dije:

—Quiero dejar claro que esta noche no me voy a conformar con cenar cosas que nunca han vivido exclusivamente en tu beneficio. Esta noche quiero comer lo que me apetezca.

Por una vez no dijo nada, de modo que volví al menú y decidí tomar salmón a la plancha, patatas y espárragos. El temblor de mi vaso de vino me alertó del retorno de la niña. Haciendo una pausa, esperó pacientemente a que probara el vino. Saboreé el primer sorbo y le dije que estaba delicioso. Sonriendo, llenó el resto del vaso, tomó el pedido y se fue. Frente a mí, el leprechaun se frotaba las manos tratando de contenerse. Llené su vaso, lo choqué contra el mío y pronuncié el brindis irlandés: «Sláinte». Levantando su vaso, empezó a sorber su vino como yo había hecho con el mío, pero él siguió bebiendo hasta dejar el vaso por la mitad.

—Ummm... ¡Qué bueno!

Dijo contento, volviendo a apoyarse en la silla y dejando el vaso sobre la mesa. Mi clarividencia debía de haber mejorado, porque podía ver la diferencia entre la energía de su vino y la del mío. Ahora que él había bebido la mitad de su vaso, mi vino parecía más vibrante.

—Quiero probar un experimento contigo –sugirió amablemente–. Superpondré mis pensamientos y sentimientos sobre los tuyos mientras comes para que puedas ver por qué nos resulta repulsivo comer seres muertos.

—Qué maravillosa idea –respondí con sarcasmo–. Eso es exactamente lo que me gustaría para esta cena especial. Te agradará saber que cuando pienso en el ser que estoy comiendo, siento repulsión y náuseas, pero mi cuerpo exige algo más que copos de avena, fruta y semillas.

Entonces me interrumpió la niña, que traía un plato gigantesco de salmón y cuencos de patatas y verduras. Vio el segundo vaso de vino y me miró con curiosidad.

—¡Oh, eso es para la gente menuda! –respondí guiñándole un ojo con expresión traviesa.

Ella se rio, disfrutando mucho de mi chiste, y al irse añadió:

—Por supuesto.

Tras encargarme del vino, apunté al apio, las zanahorias, los espárragos y las patatas, y pregunté a mi amigo:

—¿Qué prefieres?

—Algunas patatas, espárragos, y pan con mantequilla, por favor –replicó, mirando la comida.

Después de transferir algunas verduras a su plato y de empujarlo hacia él, empecé a devorar mi comida con el deleite de quien se ha visto privada durante demasiado tiempo.

—El salmón está soberbio –conseguí decir entre dos bocados–. ¿Cómo está tu comida?

—Excelente –replicó mi amigo, con el tenedor y el cuchillo firmemente agarrados al estilo irlandés. Totalmente absorbido por el proceso de comer como un humano, el leprechaun permaneció en silencio, permitiéndome disfrutar de la comida. Justo estaba saboreando los últimos bocados cuando volvió la niña.

—¿Ha terminado? –preguntó. Eché una mirada a mi amigo para comprobar su progreso. La servilleta le estaba limpiando la boca y las mejillas mientras él tenía las manos apoyadas en su amplio vientre. Sus ojos me miraban traviesos y en mi mente contemplé imágenes de inmensos platos de postre.

—Sí, gracias –repliqué a la camarera–. Y creo que vamos a..., es decir, creo que voy a... tomar postre.

—Hay pastel de manzana, pudín de limón y tarta de melaza –dijo ella.

Mirando al otro lado de la mesa, vi, colgando en el aire, una inmensa pieza de pastel con un limón encima.

—Pudín de limón, por favor –dije sonriendo tanto como ella.

—Bien hecho, bien hecho –exclamó el leprechaun cuando ella se fue. Algunos comensales cercanos se pusieron de pie para irse, saludándome con un gesto amable. Me sentí agradecida de que no se acercaran a hablar conmigo porque estaba disfrutando mucho de la compañía de mi amigo.

Después de unos minutos nuestra camarera volvió con el pudín. Aunque no tan grande como el que había conjurado el leprechaun en su imaginación, era suficiente para los dos. Lo corté por la mitad con la cuchara y puse el plato en el centro de la mesa. Él comió de su lado y yo del mío. Acabamos a la vez y estaba segura de que él había ido más lento por mí.

—Gracias por una noche estupenda, Tanis –dijo él, y desapareció. La camarera se acercaba con la factura y entonces me di cuenta de que me había llamado por mi nombre por primera vez.

Capítulo 12
El día de decir el nombre

—Ya es hora de levantarse –oí a lo lejos. Desde mi sueño con playas soleadas me vi arrastrada una vez más a la realidad de otro día gris en Irlanda.

—Sólo unos minutos más –rogué, tapándome la cabeza con las mantas.

—No, ahora –dijo el leprechaun–. Este es un día importante; es el día de decirte mi nombre.

Volviendo a emerger, abrí un ojo y me sorprendió comprobar que la habitación estaba llena de globos y serpentinas. El leprechaun se encontraba delante de mí, vestido como un regalo de cumpleaños. Llevaba puestos unos pantalones de lamé y un chaleco de terciopelo de un color rojo vivo. Su chistera favorita estaba adornada con un trébol gigantesco, y tenía una gran pajarita dorada, roja y verde, a tono con sus ropas, atada en un gran lazo alrededor del cuello.

—Como has estado ampliando mi educación con respecto a los humanos, voy a compartir contigo la cosa más importante que puede compartir un leprechaun –mi amigo hizo una reverencia formal, después tomó una pausa para enfatizar y dijo–: mi nombre. –A continuación, retomando sus habituales modales abruptos, añadió–: De modo que levántate.

Se giró y salió de la habitación. Sorprendida por lo que me había dicho, eché las mantas hacia atrás y empecé rápidamente a vestirme. En el folclore es algo bien sabido que si un leprechaun te dice su nombre, tú puedes controlarlo. «Bien, pronto averiguaré la verdad a este respecto», pensé, sonriendo ante la probabilidad de que mi amigo se dejara controlar alguna vez.

Justo cuando acababa de vestirme y entraba en el salón, mi amigo volvió con un libro precioso. Era blanco con resplandecientes letras doradas. Él lo llevaba reverentemente, sin sus habituales ademanes burlones, y era evidente que ese día se estaba comportando de manera auténticamente seria.

Sentándose en el sofá a mi lado, empezó a decirme:

—Este es mi libro de nombres. Contiene todos los recuerdos de quien soy, de lo que he hecho y de lo que haré.

Esperé a que continuara. Abrió el libro al azar y dijo:

—Este es el momento en que decidí abandonar mi casta tradicional para estudiar a los humanos.

Estaba a punto de continuar cuando, incapaz de contener mi curiosidad, le interrumpí:

—¿Cuál era tu casta tradicional?

La ceja derecha del leprechaun se arqueó ligeramente mostrando su desaprobación, pero después se rio.

—Me recuerdas a mis pequeños lepris. Preguntas y más preguntas.

—Entonces ¿me lo vas a decir? –insistí con buen humor.

—Soy de la casta leprechaun, por supuesto –dijo orgullosamente.

—Pero ¿no hay ningún subgrupo, como zapateros o sastres?

—Oh, ya veo a qué te refieres –dijo él–. Sí, los leprechauns hacemos ese tipo de trabajos, y algunos de nosotros también somos joyeros, pero son principalmente los enanos quienes trabajan el metal. Si hubiera tenido que elegir, yo probablemente habría hecho ropa para ocasiones especiales, pero algo orientó mi camino en otra dirección. –Con estas palabras se inclinó hacia mí y dijo en tono de conspiración–: Conocí a un humano.

—No entiendo –dije yo–. ¿No ves seres humanos cada día?

Riéndose, respondió:

—Nuestro mundo es suficientemente interesante para no tener que aventurarnos en el vuestro. ¿Has notado lo poco que ves a mi pareja y a los pequeños lepris? Eso se debe a que se quedan en nuestro mundo. Y no sólo eso –continuó– sino que hay más mundos que estos dos, el tuyo y el mío, que podemos visitar.

Levantó la mano para retener mi inevitable pregunta y dijo con una sonrisa:

—No, no, no. Hablaremos de eso otro día. Volvamos al humano que conocí. Él estaba visitando nuestro mundo e investigando nuestra vida. Yo era joven, aún no era adulto, y solía estar cerca de los eruditos, tratando de acumular distintas informaciones. Esto ya se consideraba poco común en nuestro mundo, pero a veces los leprechauns se convierten en eruditos. Aunque generalmente los eruditos vienen de otra casta. Ellos son...

—Como decías, el humano... –interrumpí, intentando que no perdiera el hilo. Podía ver que aún faltaba mucho para que me hablara de su nombre.

—Oh, sí, el humano –continuó, enderezándose el chaleco–. El humano se dio cuenta de que yo le había percibido y empezó a avanzar hacia mí. Me sentí aterrorizado. Desde que éramos pequeños nos habían contado historias de cómo los humanos robaban nuestra energía y mataban nuestro mundo. Aun así, no me moví. A medida que se acercaba se iba haciendo cada vez más grande, aproximadamente de la misma altura que los elfos, pero más denso y pesado. Tenía el pelo negro y llevaba una capa también de color negro. Tenía aspecto de mago, muy elegante y poderoso. «Hola jovencito», me saludó. «¡No soy tan joven!», repliqué, insultado como sólo puede sentirse un joven. Echando la cabeza hacia atrás, se puso a reír, mostrándome el oro de sus dientes, y después, con la risa todavía en los ojos, me preguntó: «¿Ya has decidido qué camino seguirás en la vida?». Bueno – girándose hacia mí, el leprechaun hablaba en susurros–, en el mundo elemental, nunca se plantea esta pregun- ta. Sería vergonzante que otros supieran que estaba consideran- do esa cuestión, de modo que me sentí azorado al verme descu- bierto.

»Él parecía leer mis pensamientos, algo que yo creía que los humanos no podían hacer, y dijo: «Los tiempos están cambiando, jovencito. He estado hablando con vuestros eruditos más ancianos sobre la posibilidad de reunir un grupo de elementales de todas las castas para trabajar con los humanos. Estamos buscando elementales que piensen por sí mismos y tengan curiosidad y coraje. ¿Te interesa?». En aquel momento no sabía que nuestra nueva casta sería primero ridiculizada y después temida por nuestros semejantes los elementales, porque de haberlo sabido no me habría ofrecido. No obstante, sabía que había llegado a una importante encrucijada de caminos en mi vida, y que tenía que hacer algunas elecciones. Irguiéndome hasta mi plena estatura, miré al humano a los ojos y le dije: «Sí, me gustaría intentarlo». Eso ocurrió hace casi cien años –dijo mi amigo, volviendo a sentarse en el sofá–. Ahora muchos elementales saben de nuestro trabajo con los humanos, y algunos de los jóvenes solicitan unirse a nosotros. También sabemos que el verdadero propósito de nuestra casta es aprender a convertirnos en creado- res conscientes, como vosotros los humanos.

—Esa es una historia increíble –dije sorprendida–. ¿Tiene algo que ver con el hecho de que vayas a revelarme tu nombre?

—Tiene todo que ver –se rio, poniéndose las manos sobre el estómago y deslizándose en el sofá.

Sabía que se reía por mi inteligencia al haberlo adivinado. A veces olvidaba que él y yo éramos de especies muy diferentes, y hacían falta momentos así para recordármelo. Esperé calmadamente a que recuperara la compostura.

El hecho de observarme observándole volvió a darle risa, y entonces me eché a reír con él. Éramos como dos niños... tal vez no tan diferentes después de todo.

Lentamente se fue apaciguando. Se quitó la chistera para revelar una peluca de brillante pelo rojo que le cubría la cabeza. Poniéndose la chistera sobre el regazo, continuó:

—Antes de decirte mi nombre, quiero hablarte un poco de los nombres en general.

—Oh, oh, ya estamos, otra digresión más... –pensé tan calladamente como pude.

Si me oyó, fingió no haberlo hecho y continuó:

—La mayoría de vosotros, los humanos, ni siquiera conocéis vuestro nombre correcto, de modo que en realidad no sabéis quiénes sois.

Inmediatamente empecé a preguntarme si mi nombre era adecuado para mí. Siempre lo había sentido apropiado hasta ese momento. Mis padres me contaron que, mientras permanecían tumbados en la cama cuando mi madre estaba en el octavo mes de embarazo, mi padre había oído mi nombre, Tanis. Ninguno de los dos conocía una Tanis, pero habían oído el nombre con anterioridad entre amigos de la familia.

Mi nombre siempre había sido un poste indicador para mí. De niña aprendí que venía de los indios Cree, y que significa «mi hija». Posteriormente, siendo adulta, un hombre de la tribu

Cree me dijo que mi nombre era especial para su gente, y que signifi- caba "hija de toda la tribu y regalo del creador". Durante los últimos años otras señales confirmaron que mi misión es ayudar a otros.

Mi amigo leprechaun estaba siguiendo mis pensamientos, y dijo:

—Tu nombre es correcto para ti. Eso es lo que el nombre debería ser para la gente. Debería ser su identidad.

—A menudo me encuentro con gente —repliqué–, y me olvido de sus nombres porque no parecen adecuados. De hecho, a veces incluso los llamo por otro nombre.

—Es posible que los llames por su nombre correcto, Tanis –replicó.

—¿Hay algo más que quieras contarme de mi nombre antes de que hablemos del tuyo? –dije en tono provocador.

—Hablaremos del mío dentro de un momento, pero quiero contarte por qué los elementales no dicen su nombre –ofreció con creciente suspense.

—Me encantará oírlo –dije con fingida seriedad.

—En primer lugar –comentó–, no se nos da un nombre cuando nacemos, como a los humanos. Nosotros vamos creciendo hasta encontrar nuestros nombres. Hasta que tenemos suficiente experiencia de vida y podemos recordar nuestra historia, no elegimos uno. Entonces los ancianos tienen que corroborar que hemos elegido el nombre correcto.

Escuchándole, recordé algunas similitudes con la sociedad humana.

—En algunas tribus nativas –dije– a los niños se les da un nombre cuando nacen, y luego ellos mismos eligen otro en la adolescencia cuando salen en busca de la visión. Asimismo, a veces la tribu da nombre a algunos individuos muy especiales que han hecho grandes proezas. El modo de hacer las cosas de los nativos y el vuestro tiene mucho más sentido para mí que el proceso humano convencional. Recibir un nombre al nacer de personas que no tienen ninguna conexión con tu esencia espiritual me parece inapropiado. Y el individuo se queda con ese nombre para toda la vida. De modo que entiendo la importancia de los nombres, pero ¿por qué los elementales no revelan el suyo? –inquirí retomando el hilo–. Tal como yo lo veo, eso fortalecería su ego, y, según dices, eso es lo que los elementales tienen que hacer.

—Tienes razón –replicó–, pero entonces los elementales con un ego más fuerte conocerían la esencia de vida de los más débiles y podrían controlarlos. Es el motivo por el que no decimos nuestro nombre a los humanos. Si nos llamaran y nos pidieran algo, no podríamos negarnos.

—Entonces, ¿por qué quieres decirme tu nombre? –pregunté–. Admito que he querido saberlo desde el principio, pero no quiero obligarte a hacer nada contra tu voluntad.

—Esa es exactamente la razón por la que deseo compartir mi nombre contigo –dijo el leprechaun–. No me has pedido que haga nada en contra de mi voluntad. Además, en tu esencia hay una gran resistencia a torcer la voluntad de otros seres.

—¿Ganaremos algo alguno de los dos cuando me digas tu nombre? –interpuse rápidamente, antes de que pudiese ir más lejos. Me sentía cada vez más nerviosa ante la responsabilidad de saberlo.

—Ya lo verás cuando te lo diga –dijo él, y continuó–: Mi nombre es Eloy.

No ocurrió nada. Nada en absoluto.

—Tu nombre no es Eloy –dije con certeza–. Dime tu verdadero nombre –le ordené.

Suavemente, el leprechaun dijo su verdadero nombre y, al hacerlo, se abrió una puerta entre nosotros. Nuestras energías fluyeron desde el centro de nuestros corazones y se fundieron. Cuando esto ocurrió, pude sentir el tirón de otras dimensiones, otras realidades, abriéndose a mí. Supe que podía atravesar la puerta y explorarlas, pero no parecía el momento adecuado. Me eché atrás y cerré mi parte de la puerta.

La energía del leprechaun quedó suspendida, chispeando en el aire durante un momento, y después se reabsorbió en su cuerpo. Se quedó mirándome, sabio, bondadoso, y totalmente diferente del ser travieso que yo conocía. Al observarle, llevó su energía aún más dentro de su aura, y volvió a su ser travieso.

—¿Ves?, ahora que he compartido mi nombre contigo, podemos entrar en otro reino –me dijo sonriendo.

—¿Por qué querías que te diera una orden? –dije, sabiendo que eso es lo que esperaba de mí.

—En las ceremonias de compartir nombres es necesario que los dos seres combinen sus energías. Normalmente tú contienes en exceso tu energía por temor a molestar a los demás, y tratas de tomar menos espacio. En este caso has tenido que desplegar tu verdadero poder.

—Gracias por tu regalo –dije.

—Nuestro regalo –corrigió.

—¿Se me permite decir tu nombre a otras personas? –pregunté, puesto que no quería cometer ningún error.

—Seguiremos hablando de eso mañana –dijo, y empezó a desaparecer.

—Una pregunta más –le llamé–. ¿Quién era el humano al que conociste hace casi un siglo?

—Steiner. Rudolph Steiner –me llegó como un débil eco.

Capítulo 13
Secretos

Nunca he entendido por qué a las personas les gustan los secretos. Como terapeuta, he guardado muchos secretos de la gente, secretos que no debo compartir. Pero los secretos de la vida, los misterios internos, son secretos que me siento impulsada a compartir con todos aquellos que estén dispuestos a escuchar.

Por supuesto, esto es lo que llevó a Jesús al Calvario. Él contó los secretos de los misterios internos en forma de parábolas proclamando: «Quien tenga oídos para oír, que oiga». Sin embargo, en ese tiempo estaba prohibido hablar de los misterios a los no iniciados, y por eso los rabinos quisieron deshacerse de él rápidamente, por haber traicionado sus secretos.

A la mañana siguiente, sentada en el sofá con mi habitual taza de té, reflexionaba sobre la naturaleza del secreto del leprechaun. ¿Era un secreto que podía compartir o debería guardarlo para mí?

—Bueno, ese es un gran tema –dijo mi amigo leprechaun, posándose sobre el sofá y cogiendo la taza de té que había preparado para él. Agarró la taza con las dos manos y sorbió el té caliente. Luego continuó:

—He pensado que podíamos conversar sobre la importancia de los apellidos humanos antes de hablar de secretos.

—Nuestros apellidos hablan de nuestros antepasados –respondí– e indican si llevamos sangre inglesa, alemana o japonesa. En algunos casos, nuestros nombres señalan nuestros talentos o los de nuestros antepasados. Por ejemplo, el mío, Helliwell, es el equilibrio entre los aspectos luz y oscuridad, el mundo consciente del sol y el mundo inconsciente de la luna. Dice mucho de quien soy y de lo que hago. No entiendo por qué las mujeres toman el apellido de sus maridos cuando se casan, porque ese nombre no tiene nada que ver con ellas genéticamente.

El leprechaun escuchaba con atención y me preguntó:

—¿Por qué los niños toman el apellido de su padre y no el de su madre?

—Antiguamente los niños tomaban el nombre de sus madres –repliqué–. Eso tiene sentido, puesto que podemos estar seguros de quién es nuestra madre, pero estamos menos seguros de quién es el padre. Pero a los hombres no les gustaba esto. Veían a las mujeres y a los niños como posesiones, y querían poner su sello de propiedad sobre ambos.

—En nuestro mundo –interrumpió el leprechaun–, a medida que evolucionamos, nuestras mujeres tienen niños lo mismo que las mujeres humanas. Mi pareja llevó a nuestros hijos en su cuerpo. Cuando miramos a un elemental o a un humano, podemos ver inmediatamente quién fue su madre, su padre e incluso sus antepasados. Está escrito en sus vibraciones. Por lo tanto, no necesitamos apellidos.

Tras detenerse a reconsiderar, agregó:

—Sin embargo, a veces añadimos después del nombre de la persona una palabra que expresa su talento o su fama. Por ejemplo, Robin Hood, del bosque de Sherwood.

Se reclinó, encantado por su capacidad para identificar a los héroes de los relatos humanos.

Le pregunté si Robin Hood estaba conectado con el mundo elemental y proyecté mi pensamiento hacia él.

—Nosotros tenemos nuestra propia versión de la historia, la verdadera –dijo mi amigo leprechaun–. Habla de un príncipe noble del pueblo de las hadas cuyo padre le dejó encargado de su reino cuando se fue la guerra. El hermano del padre apareció por la corte disfrazado y echó al inocente príncipe. El príncipe Robin escapó al bosque, donde se hizo amigo de los pájaros y los animales. Entretanto, el malvado tío llevó la infelicidad y la desesperación al reino. Otros nobles huyeron al lado de Robin, y juntos lucharon contra el tío, retirándose para ocultarse al abrigo del bosque. Finalmente, el rey volvió y recuperó su reino.

—Parece que los humanos tenemos muchas historias basadas en el mundo de las hadas –observé–. ¿Vosotros también adoptáis historias humanas?

—La mayoría de vuestras historias nos deprimen –replicó cándidamente–. Piensa en Dickens, Shakespeare y Dostoyevsky y verás a qué me refiero. Los temas de esas historias son las razones por las que no nos asociamos con los humanos. Nuestras historias humanas favoritas son las que hemos ayudado a escribir, como *Alicia en el país de las maravillas* de Lewis Carroll o la serie *Narnia* de C. S. Lewis.

Tuve una intuición repentina que quise confirmar.

—Las historias y los cuentos no sirven sólo de entretenimiento, ¿no es así? –pregunté–. Son registros de la conciencia humana, no sólo para un individuo, sino para nuestra raza. Las historias y los cuentos son como los nombres; son sellos que dicen quiénes somos.

—¡Absolutamente! –exclamó.

—Durante años –continué– me he resistido a leer el periódico o ver las noticias en televisión. Estos medios me parecen no sólo deprimentes, sino obscenos. Parecen fortalecer la idea de que nuestro mundo es un lío, y construyen una forma-pensamiento negativa y violenta. Esto es exactamente lo que está ocurriendo, ¿no es así?

—¡Absolutamente! –exclamó de nuevo.

—El problema es –dije frustrada– que aparte de decir a otros lo que te acabo de decir a ti, no sé qué más hacer al respecto. ¿Tienes alguna idea?

—¡Absolutamente! –gritó por tercera vez–. Debes contar una historia diferente. Habla a la gente de nosotros, y continúa apoyando a los que apoyan a la Tierra y a toda forma de vida que habita en ella.

—¿Estás sugiriendo que escriba un libro sobre vosotros o que imparta cursos? –pregunté, sintiendo la responsabilidad que recaía sobre mí.

—Todo lo anterior, pero con un espíritu ligero y alegre –dijo sonriéndome.

—Eso cubre muchos nombres e historias –dije, sabiendo cómo funcionaba su mente–. Sin duda esto debe de llevarnos de nuevo a los secretos.

—Sí, secretos –dijo mi amigo calladamente, mirando de forma melodramática por encima de su hombro como para ver si alguien nos observaba. Mientras giraba los ojos de lado a lado y mantenía el dedo sobre los labios, oí un «sssshhhh» que se extendía por toda la habitación. Sonreí, disfrutando enormemente de su humor travieso. Evidentemente, los secretos no eran sagrados, gracias a Dios.

Cuando dejó de reírse, se puso en pie y empezó a caminar por la habitación adelante y atrás, frotándose el mentón. El filósofo había vuelto.

—Hay secretos y secretos —empezó, mirándome con una ceja arqueada. Yo hice un gesto afirmativo con la cabeza y esperé—. Este es el dilema —dijo él, caminando por la habitación. Esperé... el suspense era cada vez mayor. De repente, se detuvo completamente, se giró y dijo:

—Vuelvo en un minuto. –Y desapareció.

Sin duda los acontecimientos estaban tomando un cariz interesante. «El leprechaun se siente inseguro y quiere consultar con sus superiores», pensé. Me serví una taza de té tibio y esperé. Los segundos se convirtieron en minutos. «Un tema muy serio», pensé, acabándome lo que quedaba del té.

—Hay secretos y secretos, querida –me llegó su voz desencarnada.

—No tengo por qué decir tu nombre a nadie –dije mientras parecía que se sentaba–. Simplemente podría llamarte el leprechaun.

—Hemos estado comentando esto y hemos decidido que es la mejor opción –respondió.

Sentí que se me hundía el corazón. Lo primero que todo el mundo me preguntaría era cómo se llamaba. El hecho de no ser capaz de revelarlo no me ayudaría a hacer más creíble la historia que él quería que contara. Preferiría no saber su nombre y estar en el mismo barco que todos los demás.

—Pero tú no eres todos los demás —me recordó–. Puedes enseñar a otras personas a encontrarse con sus propios elementales, y ellas podrán preguntarles sus nombres. No puedes decir mi nombre a todo el mundo por una muy buena razón.

—¿Que es...? –dije, animándole a continuar.

—Que es que no quiero que miles de personas me llamen para que les enseñe cosas sobre los elementales –replicó–. No tengo suficiente fuerza para hacer eso, y además me sacaría de mi camino.

—Lo entiendo perfectamente –dije–. De hecho, estoy de acuerdo contigo. Y esa es la razón por la que no sé si quiero llegar a ser muy conocida en un área determinada, ni siquiera los leprechauns. Temo que la gente me confine en esa área, y que no pueda explorar todos los aspectos del aprendizaje que me gustan.

—Eso tiene fácil solución –respondió con engreimiento–. Simplemente tienes que asegurar que el área elegida sea lo suficientemente amplia.

—Oh, como «hablar con las hadas»... –dije, cruzando los brazos sobre el pecho.

—Tienes razón –accedió con tono gruñón.

—¿Tienes alguna idea de cómo puedo abrir el área lo suficiente para no aburrirme? –pregunté–. Aunque seas fascinante, no sé si quiero pasar el resto de mi vida haciendo talleres sobre los elementales.

—Tengo la solución perfecta –replicó–. No escribas el libro hasta dentro de diez años. Para ese momento ya estarás bien establecida tanto en el mundo corporativo como en el campo de la enseñanza espiritual, y lo que es más importante, también será el momento adecuado para que el mundo oiga el mensaje.

—¿Y será el momento adecuado para decir tu nombre? –pregunté esperanzada.

—Tal vez, pero es poco probable –dijo riéndose–. Para nosotros el tiempo es diferente. No creo que mi identidad sea lo suficientemente fuerte en diez años, pero la tuya lo será. Además, no tendrás que preocuparte de que alguien te desvíe de tu camino; esto ayudará a reforzar tu dirección.

—Vale, estoy de acuerdo, pero ¿hay algún nombre que pueda usar para llamarte en lugar del tuyo verdadero?

—Me temo que no –replicó él–. Cualquier nombre tiene poder, y si la gente me llama con el nombre equivocado, empezarán a quitar energía de mi nombre real.

—¿Quieres decir que tengo que llamarte el leprechaun a lo largo de todo el libro? –pregunté, y deletreé las letras de la palabra «aburrido».

—Sí –dijo el leprechaun, soltando un bostezo y empezando a desaparecer.

—Una pregunta más –inquirí rápidamente.

—«Una pregunta más» está empezando a ser un hábito para ti –dijo él solidificándose–. Bueno, ¿qué es? –añadió fingiendo estar enfadado.

—¿Con quién has hablado del tema del secretismo cuando has desaparecido? –pregunté.

—Mañana –dijo él, sonriendo, y empezó a desaparecer. Lo último en disiparse fue su sonrisa.

Capítulo 14
La iglesia y el pub

Fueron pasando los días sin ver al leprechaun. El final de mi mes en la casita se acercaba rápidamente y yo no parecía haber hecho grandes avances en mi peregrinaje espiritual. Había meditado mucho cuando no me entretenía mi amigo elemental, pero aún no estaba iluminada.

Una mañana, mientras hacía la compra en el supermercado, llegó al pueblo una biblioteca ambulante y decidí que alguna lectura ligera animaría mis días solitarios. Después de haber acabado la *Divina comedia* de Dante y el *Nuevo Testamento* de Mateo y el de Lucas, quería un poco de ciencia ficción. Pensando en eso, subí las tambaleantes escaleras de la vieja furgoneta para echar una mirada al surtido.

—Buenos días, ¿puedo ayudarla? —me saludó un joven brioso y atractivo que se parecía más a un cruce entre jugador de fútbol y pescador que a un bibliotecario. Estaba moreno y tenía el saludable aspecto de las personas que trabajan al aire libre.

—¿Puedo tomar prestados algunos libros? –pregunté.

—Por supuesto, siempre que los devuelva. Vengo cada dos semanas y aparco aquí durante dos horas –replicó sonriendo, y continuó–: Puedes llevarte hasta cinco libros.

Con los ojos más acostumbrados a la penumbra, vi hileras de libros alineados a ambos lados de la furgoneta.

—Empezaré echando una mirada, si no te importa –respondí.

—En absoluto. Llámame si me necesitas –contestó, y se volvió hacia el siguiente cliente que subía las escaleras.

Moviéndome entre las estanterías llenas de biografías y libros con fotografías sobre los orígenes de nuestro sistema solar, busqué algún libro de ciencia ficción. Había muchas historias de amor, e imaginé que serían las preferidas de las mujeres de esos pueblos remotos, pero no pude encontrar ningún libro de ciencia ficción.

Por un momento me sentí decepcionada, y abrí despistadamente un libro sobre el sistema solar. «Tal vez me ayudará a profundizar mi comprensión de algunos de los pasajes de *Decoding Destiny*», pensé. A medida que pasaba las hojas, mis ojos se fijaron en la sección para niños. Allí, había un libro de gran tamaño que sobresalía del borde de la estantería. Su título era *Hadas*. Lo tomé y lo abrí al azar. Encontré una gran imagen de un leprechaun que me miraba fijamente. «Perfecto –pensé–. Me lo llevaré para los pequeños lepris... Les encantará».

Recogí mi bolsa de comida, anoté los dos libros y volví caminando hasta casa. Al entrar por la puerta encontré a los pequeños lepris esperándome al lado de la mesa del salón. Sabían perfectamente lo que les llevaba. Dejé las bolsas de comida en el suelo y puse el libro de hadas sobre la mesa. Saltaban ansiosos y se empujaban uno al otro para ver mejor. Como en su reino no tenían libros, nunca antes habían visto imágenes de elementales, y estaban fascinados de que los humanos las hubiéramos captado. Se comportaban como los niños cuando descubren un espejo por primera vez. Abriendo el libro por la primera página, dije:

—Pasaré una página cada día para que podáis ver a otro elemental.

Se inclinaron y miraron a un goblin que se parecía mucho al de nuestra calle. Apuntando a su larga nariz, se reían y charlaban animadamente. Sus voces eran tan ligeras y rápidas que no podía entender lo que decían. Pronto se cansaron de la imagen, pero justo antes de que el mayor de ellos desapareciera, me miró sonriendo con agradecimiento.

A partir de ahí cada día pasaba una página del libro, y a veces los descubría mirando la nueva imagen. Dos semanas después lo renové.

Estaba ordenando la compra cuando vi que la señora O'Toole entraba por la puerta del jardín. «Un poco temprano», pensé, dirigiéndome a abrir la puerta.

—Bienvenida –dije, haciéndome a un lado para dejarla entrar–. Llega justo a tiempo para comer unas galletas de chocolate.

—Hoy no me puedo quedar –dijo ella, dirigiéndose directamente al hogar, donde retiró las cenizas del día anterior.

Mirándome por encima de los hombros con sus ojos chispeantes, añadió:

—Esta noche vamos a ir a misa y después al *pub*. ¿Le gustaría venir?

—Me encantaría –salió de mi boca instantáneamente.

Una vez apilada la turba, la encendió y dijo:

—Maureen la recogerá a las siete y media.

La señora O'Toole pasó a mi lado y salió por la puerta. Felicitándome por mi buena suerte, miré el reloj y vi que tenía tres horas para prepararme. Hacía semanas que no había salido en compañía, y esperaba pasármelo estupendamente.

Maureen llegó puntualmente a las siete y media. Como yo, llevaba puesta una falda, blusa y jersey. Metí el pañuelo reina Isabel en el bolso por si lo necesitaba, y me alivió comprobar que Maureen llevaba la cabeza descubierta. El coche estaba aparcado en la puerta y las niñas iban vestidas de domingo.

Saludé a Brendan, Shannon y Bridget, y nos pusimos en marcha. La iglesia estaba a medio camino entre las dos ciudades: era un gran edificio blanco, rodeado por docenas de coches y bicicletas. Me pareció fascinante descubrir que sólo en mi pueblo había cuatro *pubs*, pero una única iglesia para los dos pueblos, o quizá para tres.

Brendan aparcó el coche y salimos todos. Me puse en fila detrás de las niñas; Maureen me observaba para asegurarse de que lo hacía todo bien. A pesar de no ser católica, estaba casi segura de que tendría que observar algunas costumbres muy particulares de los pueblos católicos irlandeses en la misa. Maureen, Brendan y las niñas metieron los dedos en la pila de agua bendita de la entrada y se persignaron en la frente. Yo los seguí. Maureen saludaba con un leve gesto a todos los vecinos al subir por el pasillo, hasta que vio a su madre y a su padre y se sentó a su lado. Yo me uní a ellos, notando que la señora O'Toole estaba a pocos asientos de distancia. Llevaba puesto un vestido florido y un jersey, pero sin imperdibles a la vista. Había reemplazado las botas altas por unas medias y unos zapatos robustos. También se había quitado el pañuelo para revelar su brillante pelo marrón con mechones grises. Parecía una década más joven.

Estaba tratando de observar detenidamente al señor O'Toole cuando me di cuenta de que toda la familia se había puesto de rodillas y estaba rezando. Me arrodillé apresuradamente, pero, en cuanto mis rodillas tocaron el duro banco de madera que tenía a los pies, ellos volvieron a levantarse. Me senté en el banco tan discretamente como puede. Abrí los ojos, dirigí la vista al otro lado del pasillo y observé a dos familias mirándome. Les sonreí. Ellos me devolvieron la sonrisa. Miraron al suelo y yo también miré hacia abajo. Todo el mundo sabía que yo era la extranjera, y vigilaban si tenía algún comportamiento extraño.

Maureen sostenía un rosario en la mano, y mirando a mi alrededor observé que casi todas las mujeres también lo tenían. Busqué rápidamente en mi bolso y saqué el rosario de mi abuela. Mi abuela materna había sido una católica irlandesa (que después se convirtió al presbiterianismo) y me había legado su rosario. Se había criado en una granja con otros siete hermanos, con una madre que murió muy pronto y un padre que bebía demasiado. Todos sus hermanos y hermanas habían muerto jóvenes, pero la abuela sobrevivió hasta los noventa y dos años.

Era uno de los mejores seres humanos que he conocido. Tenía buen humor, era amorosa y nunca hablaba mal de nadie. Era tolerante y muy trabajadora, y yo la quería. Desde su muerte siempre dormía con su rosario de plástico, y aunque no sabía contar las avemarías, el rosario me confortaba.

Los sonidos del órgano me sacaron de mis recuerdos. Toda la congregación se puso de pie y el sacerdote entró y se situó frente al altar. Comenzó la misa con unas pocas palabras y la congregación respondió. Aunque se facilitaba un libro de plegarias, todo el mundo parecía saberse la misa de memoria. El servicio era similar al de la Unity Church con el que yo estaba familiarizada, aunque allí las respuestas rituales se sustituyen por himnos. Asimismo, había muchas más plegarias a María y menos a Jesús. Los protestantes no rezamos a María, pero siempre me pareció que con su inclusión se consigue un mejor equilibrio entre los aspectos masculino y femenino de la cristiandad.

El sacerdote no me inspiraba, pero parecía encajar perfectamente con su parroquia. De mediana edad y conservador, sabía la misa perfectamente y seguía la escritura al pie de la letra.

Acabada la colecta, pasamos a la última parte de la misa: la comunión. Yo quería participar, pero me preguntaba si el sacerdote pondría objeciones sabiendo que era protestante. No tenía ninguna intención de ofenderle o engañarle, y deseaba recibir la comunión por el mayor bien de todos, de modo que me puse de pie y me uní a la fila.

Caminando lentamente hacia el frente, vi que la gente hacía la señal de la cruz antes de recibir la forma consagrada. Cuando llegó mi turno, me arrodillé y seguí el ejemplo de los demás. Volví a mi sitio, cerré los ojos y recé por todos los seres de la Tierra. Oré pidiendo más capacidad de amar y de servir mejor a todos los seres sensibles. Sí, tomar la comunión había sido lo correcto.

El sacerdote pronunció unas últimas palabras y nos despidió. Nos pusimos ante el altar, hicimos la genuflexión y salimos de la iglesia. Eran las nueve de la noche, la hora de ir al *pub*. Seguí a las niñas al asiento posterior del coche y me sorprendió que la señora O'Toole viniera a sentarse a mi lado.

—Paddy se ha adelantado para reservar una mesa en el *pub*, y Brendan nos llevará hasta allí –comentó.

Brendan puso en marcha el motor y dijo por encima del hombro:

—Esta noche nosotros no iremos al *pub*. Tengo que entrenar con los muchachos.

—¿Los muchachos? –dije, sin entender nada.

—Fútbol –dijo él. Haciendo una traducción rápida, recordé que el fútbol irlandés es lo que nosotros llamamos *soccer* en

Norteamérica. Maureen no dijo nada, y supuse que llevaría a las niñas a casa para acostarlas.

Brendan partió a su habitual velocidad escalofriante, y yo me persigné mentalmente. Minutos después nos deteníamos en la parte baja de mi calle, delante del *pub*. Había muchos coches aparcados fuera. Sobre la puerta se leía un gran anuncio: «Esta noche hay música».

La señora O'Toole y yo salimos rápidamente, dimos las gracias a Brendan por habernos llevado y entramos en el *pub*. El salón estaba lleno a rebosar; se oían risas y animadas conversaciones. Con los ojos semicerrados por el humo, vi a un hombrecito que nos hacía señales desde una mesa lejana. Tenía dos sillas libres a su lado. Un milagro. Me dirigí hacia él y la señora O'Toole me siguió de cerca. Todo el mundo parecía sorprendido de verla, y le hacían cálidos gestos de reconocimiento. Ella sonreía tímidamente y devolvía el saludo.

Me senté en la silla más alejada del señor O'Toole, dejando la silla vacía junto a él para su esposa. Tenía la sensación de que no salían muchas noches juntos y me conmovió que compartieran esta ocasión conmigo.

—Este es Paddy —dijo la señora O'Toole como presentación. El señor O'Toole extendió su mano robusta y desgastada para que la estrechara. Tenía los nudillos agrandados por el reuma y la edad, pero apretaba con fuerza. Era pequeño y de complexión liviana. Su sombrero negro remataba un rostro rosado, con ojos chispeantes y una cálida sonrisa. Tanto él como la señora O'Toole irradiaban la misma bondad e integridad que a menudo he notado en quienes viven cerca de la naturaleza.

—¿Quieres tomar algo? —me preguntó el señor O'Toole amablemente.

—Una clara —repliqué.

—¿Y tú, madre? –preguntó amablemente a la señora O'Toole.

—Una limonada.

Cuando se fue, noté que cojeaba. Siguiendo mi mirada, la señora O'Toole se inclinó sobre mí y dijo:

—Tiene una cadera mal; lo van a operar el año que viene.

—¿Qué edad tiene el señor O'Toole? –pregunté.

—Sesenta y cinco años –dijo ella.

Estaba sorprendida porque había visto a aquel hombre montar en bicicleta a cualquier hora del día y en todo tipo de condiciones atmosféricas para visitar a sus vacas y ovejas. Se movía como un hombre mucho más joven, a pesar del problema de su cadera.

Volvió con nuestras bebidas y una pinta de cerveza negra para él, y se sentó.

—Gracias –dije, y le pregunté por su granja. Como no respondía, la señora O'Toole, observando mi confusión, me miró y dijo:

—Está mal del oído; se lo dañó en la guerra.

La entrada de los músicos nos ahorró las dificultades de intentar comunicarnos. Como no había escenario, los instrumentistas se sentaron en sillas a sólo dos mesas de nosotros. Empezaron a tocar y las conversaciones amainaron ligeramente a medida que la gente escuchaba. Uno de los músicos tocaba la gaita, instrumento que, según aprendí aquel verano, había sido inventado en Irlanda y no en Escocia. Otro tocaba el bodrum, un tambor irlandés que se toca con los dos extremos de un palo recio. Aquello parecía difícil. El tercer músico rasgaba la guitarra y tenía algo parecido a un banjo a su lado, en una repisa.

La música era buena y el señor O'Toole empezó a seguir el ritmo con el pie. Poco después la gente comenzó a cantar. Entre dos canciones, una chica local se puso de pie y susurró algo al músico que tocaba la guitarra. Él empezó a tocar una canción que ella cantó en voz alta ante un público muy agradecido.

La banda se tomó un descanso y, notando que el vaso del señor O'Toole estaba vacío, le miré a los ojos y le dije en mi mejor irlandés coloquial:

—Es mi turno: ¿quiere otra Guinness?

Sorprendido, afirmó con la cabeza, y yo me abrí camino a través del muro de cuerpos hasta la barra. Todo el mundo parecía conocerse. Algunos de los hombres me miraban, evaluándome. Sin presionar, simplemente sentían curiosidad. Vi a un hombre pelirrojo y pecoso observándome más de una vez, pero retiró la mirada rápidamente cuando yo le miré. Tímido. «Eso me gusta», me dije a mí misma, y a continuación alejé ese pensamiento. «La meditación y las lecciones del leprechaun son mis objetivos para este verano, no los pelirrojos irlandeses», me recordé a mí misma. Tomando mi bebida, volví en compañía del señor y la señora O'Toole. Era curioso que no pudiese llamar a ninguno de ellos por su nombre de pila.

—¿Va todo el mundo a misa los sábados por la tarde en lugar del domingo por la mañana? –pregunté en voz alta al señor O'Toole, tratando de entablar una conversación.

—Sí. Así podemos ir al *pub* después y quedarnos durmiendo el domingo por la mañana –replicó él, guiñándome el ojo. Gente práctica, estos irlandeses.

Podía imaginar cuánto tiempo se quedaría en la cama sabiendo que tenía que ordeñar las vacas. Pero, antes de que pudiéramos continuar nuestra conversación, los músicos volvieron y empezaron a tocar. Como una hora después, con nuestros vasos vacíos, nos miramos mutuamente y acordamos que teníamos suficiente. Nos fuimos en el momento en que el camarero hacía sonar la campana para anunciar que serviría el último trago antes de cerrar. El señor O'Toole se montó en su bicicleta, y la señora

O'Toole y yo fuimos caminando. Era una noche preciosa y yo disfruté del silencio y del aire fresco después del humo y el ruido del *pub*. Dejé a la señora O'Toole en su puerta y continué subiendo por la calle hasta mi casita. Las brasas aún resplandecían levemente en la chimenea, dándome la bienvenida a casa.

Capítulo 15
El elemental de mi cuerpo

A la mañana siguiente no apareció el leprechaun, y yo pasé un día solitario, sin grandes acontecimientos. «Domingo... Día de descanso», pensé, desnudándome y metiéndome en la cama.

Me puse a practicar mi meditación nocturna frente a una vela; esta era una de mis disciplinas para aumentar la concentración y confrontar cualquier forma-pensamiento negativa.

Las formas-pensamiento se crean teniendo los mismos pensamientos una y otra vez. Pueden ser positivas o negativas, y casi poseen vida propia. Las formas-pensamiento puede ser tan fuertes que se queden fijadas a otras personas. Por tanto, tenemos que ser cuidadosos con nuestros pensamientos, no sólo por nosotros mismos, sino también por los demás.

Sentada con las piernas cruzadas y la espalda erguida, estaba explorando los siete pecados capitales para ver qué formas-pensamiento había creado en esas áreas. También quería identificar la buena intención original que había tenido al crearlas. Vi que la lujuria tenía su origen en el deseo de ser amada, que la avaricia lo tenía en una sed de mayor conocimiento y experiencia, que la envidia se basaba en mi deseo de tener todas las cosas que el creador pudiera darme y que la pereza venía de confiar en que el creador proveería.

En mi meditación llamé a mis formas-pensamiento negativas y las reabsorbí en el vacío de mi cuerpo, disolviéndolas hasta que sólo representaban la intención positiva original. Después alimenté mi cuerpo con el amor, la aceptación, la abundancia y la confianza que necesitaba. Al hacerlo, pude sentir la resistencia del cuerpo a aceptar esos regalos. Era como si no confiara en mí. De repente, me di cuenta de que mi cuerpo albergaba otro ser que no era yo. Tampoco era una entidad separada. Más bien, era como si mi mente y mi conciencia estuvieran diferenciadas de alguna otra conciencia conectada con mi cuerpo

—¿Quién eres? –pregunté.

A mi pregunta le siguió el silencio, pero aun así podía sentir algo deambulando en mis sombras internas.

—Quiero saber quién eres –repetí, dispuesta a no rendirme. Mi conciencia se convirtió en una linterna buscando entre las sombras para encontrar al ser que allí vivía. Sentí que me observaba y no estaba dispuesto a darse a conocer. Podía sentir sus sentimientos de desconfianza, resentimiento, resignación, y también curiosidad y esperanza.

—No te haré daño. Verdaderamente quiero saber quién eres –pensé, enviándole amor.

—No confío en ti. Vete y déjame hacer mi trabajo en paz –replicó suavemente.

La referencia al trabajo me dio una clave de cuál era su propósito en mi cuerpo, que instintivamente sentí positivo.

—¿Qué tipo de trabajo haces? –pregunté.

De nuevo se hizo el silencio, acompañado por sentimientos de desesperanza, y también de esperanza.

—Por favor, confía en mí –le dije sinceramente–. Si te he hecho algo, era porque no sabía que estabas ahí. Ahora que lo sé, las cosas pueden ser diferentes. Necesito tu ayuda para poder entender lo que quieres que haga.

Entonces dudó un poco más y a continuación respondió:

—Muy bien –dijo–, no creo que hagas más daño conociéndome que no conociéndome, de modo que te lo contaré: soy el elemental de tu cuerpo.

—¿Mi qué...? –dije confusa–. ¿Qué es un elemental del cuerpo?

—¡Quieres decir quién es un elemental del cuerpo! –dijo enfadado. Pude sentir de nuevo su desesperanza.

—Todo esto es nuevo para mí. Por favor, perdona mi ignorancia y háblame de tu trabajo –dije rápidamente con tono apologético.

—No resulta fácil resumir millones de años de trabajo en una frase –se mofó de mí.

—Tenemos toda la noche –repliqué, pensando que un poco de humor podría rebajar la tensión.

—Tu encanto no funcionará conmigo como funciona con ese otro elemental –se apresuró a responderme, proyectando la imagen de mi amigo leprechaun.

Sintiéndome sin otras vías de acercamiento, suspiré y dije:

—No te forzaré a que me hables contra tu voluntad. Tú debes decidir si es bueno para mí que comprenda quién eres o no. Yo confío en ti aunque tú no confíes en mí.

Mis palabras fueron como un «ábrete sésamo», porque inmediatamente escupió eones de quejas almacenadas contra mí.

—He estado contigo desde tu primera encarnación humana, y ni siquiera sabes quién soy –dijo enfadado–. Soy el arquitecto que construye tu cuerpo cada vida y que incorpora todos los puntos fuertes y las heridas que has adquirido en cada vida. Yo me quedo en tu cuerpo, asegurándome de que todo funcione adecuadamente hasta que mueres. Sólo entonces –continuó, tras tomar una pausa para respirar– tengo tiempo para descansar antes de que te llegue el momento de volver a encarnar.

No me cabía duda con respecto a la veracidad de sus palabras. Todas mis células las reconocían. Me sentí avergonzada por mi falta de aprecio, y la ignorancia no parecía una buena excusa. Le permití sentir mi dilema y le pedí que me orientara.

Algo apaciguado, continuó con tono gruñón:

—No eres tú sola. No eres peor que todos los demás humanos que no saben que nosotros los elementales del cuerpo trabajamos para ellos. Sin nosotros, ni siquiera estaríais vivos.

Buscando una solución, sugerí:

—Si me dices qué podría hacer para cooperar contigo, trataré de hacerlo. Además, me gustaría compartir tu información con otros seres humanos.

Aún no completamente convencido, me planteó una pregunta-prueba:

—¿Te has preguntado alguna vez cómo sabe la bellota convertirse en roble... y no cualquier roble, sino un roble con dos ramas principales, no cuatro, y de quince metros de altura en lugar de veinte? ¿Un roble con cancros en el tronco?

Repasando mis recuerdos, busqué esa información antes de replicar:

—Probablemente lo explicaría con una combinación de tierra, cierta cantidad de agua y luz del sol, y la fuerza original de la semilla. ¿Es incorrecto?

—No es incorrecto, pero sólo es parte de la historia... –replicó, y después añadió–: Y eso es todo lo que ven los humanos.

—Bien, también sé que hay devas de los árboles, y hadas, y otro tipo de elementales que supervisan el crecimiento de todas las cosas y las ayudan a crecer –añadí rápidamente para reconocer los regalos que los elementales ofrecen a la Tierra.

—Eso es una parte mayor de la historia, y más de lo que la mayoría de los humanos creen –respondió–, pero la última parte, de la que no pareces ser consciente, es el papel de los elementales del cuerpo en el crecimiento de todas las criaturas vivas.

Ahora su voz era más triste que estridente.

—Entonces, por favor, enséñame para que pueda corregir mi ignorancia –le pedí humildemente–. Tal vez así podamos trabajar juntos a fin de alcanzar una mayor cooperación entre los elementales del cuerpo y los seres humanos para el bien no sólo de los humanos, sino del mundo.

—Esa era la intención original –replicó el elemental con un toque de sarcasmo en su voz–. Muchas veces te oigo decir que los humanos sois como dioses en formación, y tienes toda la razón, lo sois, pero no podéis convertiros en creadores sin nuestra plena cooperación. Los elementales del cuerpo construimos lo que los humanos visualizan. Si ellos piensan o sienten algo, nuestro trabajo consiste en registrar ese recuerdo en sus células. Los humanos deciden qué debemos registrar. Si no podéis controlar las emociones negativas como la avaricia, el enfado, la lujuria, la glotonería o el miedo, eso es lo que registramos. Nosotros somos arquitectos y escribas para tu cuerpo.

De repente, recordé que había estado reemplazando mis formas-pensamiento negativas por sus semillas originales positivas cuando tomé conciencia del elemental de mi cuerpo. Me pregunté si sería una coincidencia.

—En absoluto –replicó, oyendo mi pensamiento–. En tu camino hacia hacerte creadora, ahora estás responsabilizándote de todo lo que has creado. Estás desvelando y borrando los pensamientos y recuerdos negativos de esta vida y de todas las demás. Yo te he estado ayudando en este proceso, puesto que mi trabajo es obedecer tus órdenes.

—No tienes exactamente la voz de un servidor voluntarioso –dije, permitiendo que mi humor saliera a la superficie.

Esa vez no se sintió ofendido y respondió:

—Lo que yo soy me viene de ti.

—Por favor, continúa –le pedí, animada por la nueva vía de conocimiento que se abría ante mí.

—Los elementales del cuerpo evolucionamos en conexión con nuestro anfitrión –dijo él, sin resistencia ni ansiedad por responder a mis preguntas–. Al igual que los demás elementales, cuando empezamos a vivir estamos vacíos: somos una pizarra en blanco, a excepción de nuestra función. Con cada una de tus vidas, nos das más recuerdos que contener y nos vamos haciendo más complejos y conscientes. De algún modo, yo soy tu reflejo. Como tú, tengo una fuerte voluntad, soy temeroso, curioso, terco, leal, sabio y estoy muy dispuesto a ayudar a los demás elementales del cuerpo a evolucionar para trabajar conscientemente en el mundo.

De repente, me di cuenta de que le convenía ayudarme a reprogramar mi cuerpo con pensamientos y sentimientos positivos. Eso aceleraría su evolución tanto como la mía.

—Tienes toda la razón –dijo–. Es el motivo por el que he decidido darme a conocer esta noche. Lo que estoy haciendo no está exento de riesgos.

—¿Cuál es el riesgo? –pregunté, sin tener ni idea de cuál podría ser.

—Los magos negros usan sus elementales del cuerpo para crear un doble, que envían a dañar a otros. Cuando el doble retorna al anfitrión, el elemental del cuerpo tiene que absorber los actos que el mago negro quiso que el doble hiciera. Esto dificulta enormemente la evolución del elemental del cuerpo. Es nuestra muerte psíquica.

Pensé inmediatamente en los libros de Carlos Castañeda sobre las guerras psíquicas y en los adeptos británicos que seguían el sendero negro. Yo había experimentado ataques psíquicos más de una vez, y tenía mucho respeto por el poder de las voluntades que estaban detrás de ellos, así como una fuerte aversión personal a seguir ese camino.

—Y eso –dijo el elemental del cuerpo, escuchando mis pensamientos– es exactamente el motivo por el que he decidido darme a conocer a ti. En algún momento de la evolución de cada ser debemos empezar a trabajar juntos, porque de otro modo es imposible que se conviertan en creadores. Todo los grandes adeptos, como Jesucristo o Gautama el Buda, trabajaron con los elementales de su cuerpo a fin de crearse cuerpos para después de la muerte física. Ha llegado el momento de que tú y yo trabajemos juntos.

—De acuerdo –accedí muy dispuesta–. ¿Cuándo empezamos?

—Ya hemos empezado –dijo el elemental, y pude sentir una leve sonrisa por debajo del tono severo–. Cuando trabajas de acuerdo con el plan divino, tal como tú estás haciendo cada vez más, mi trabajo se fortalece y se acelera, porque está en concordancia con mi programación última.

—¿Alguna sugerencia para mejorar? –pregunté, siempre dispuesta a hacer las cosas mejor.

—Trabajar con todos los elementales –respondió él–, como estás haciendo este verano, fortalecerá nuestra conexión y será para el bien de todos los seres que se desarrollan en este planeta. Los elementales del cuerpo construyen las formas de los árboles, las flores, los minerales, los animales, los peces, los pájaros...; de hecho, de todas las cosas. La Tierra es un ser vivo, y nosotros somos las células de su cuerpo. A medida que cada uno de nosotros se alinea con el plan divino, también lo hace la totalidad del planeta.

—Estoy de acuerdo –dije, apoyando su posición–. No obstante, aún no tengo claro cuáles son las diferencias entre la función de los elementales del cuerpo y las de otros elementales, como las hadas y los devas de los árboles y las montañas.

—Ya te he explicado lo que hacemos los elementales del cuerpo –respondió–. Sería mejor para ti hablar directamente con las hadas y los devas para aprender lo que hacen.

—Buena idea –accedí, tomando nota mentalmente para hacerlo por la mañana. Noté que estaba empezando a perder la conciencia, pero me resistía a abandonar tan pronto la compañía del elemental de mi cuerpo.

—Yo siempre estoy aquí y puedes contactar conmigo cuando lo desees –me aseguró–. Puedes pedirme que reprograme ciertas partes de tu cuerpo que están desequilibradas. Además, puedes hablar a los elementales del cuerpo de otros seres humanos, como has hecho en muchas ocasiones. En esta vida lo haces de manera instintiva porque lo has hecho conscientemente en otras vidas. Podrías acceder a esos recuerdos si quisieras.

Mientras hablaba, pude sentir esos recuerdos emerger en el límite de mi conciencia, pero estaba demasiado cansada para seguir. Hacía mucho tiempo que las velas se habían apagado. Deslizándome dentro de mi cama, di las gracias mentalmente al elemental de mi cuerpo y caí dormida al instante.

Capítulo 16
Los antiguos

Al día siguiente, el leprechaun volvió a presentarse. Regresaba de una caminata tempranera y, todavía con el camisón debajo del impermeable, entré en la casita y vi a mi amigo mirando el libro de las hadas y explicando las distintas imágenes a sus hijos. Ellos escuchaban completamente absortos.

Contenta de verle, me quité el impermeable y puse agua a calentar. Oí decir «¡Siguiente!» y supuse que se referían a mí; en- tonces me dirigí a la mesa y pasé la página para que pudieran ver la imagen siguiente. Un hada de alas delicadas, colgando sobre una campanilla azul, fijó su vista en nosotros. El leprechaun le apuntó con el dedo y ella se hizo tridimensional y empezó a moverse. Los pequeños lepris estaban cautivados, y el menor se inclinó hacia delante y le tocó el estómago. La diminuta hada, que estaba desprevenida, respondió rápidamente: se giró a la velocidad de la luz y mordió el dedo ofensor. El pequeño leprechaun soltó un aullido y, llorando, desapareció en el vacío. Su hermano mayor le siguió rápidamente.

—Niños... –dijo mi amigo, levantando las manos con gesto de desesperación. Entonces oí hervir el agua e hice un gesto a mi amigo para que se sentara en el sofá mientras preparaba unas tazas de té.

Volví con dos tazas humeantes y me senté a su lado. Mirándome de cerca, comentó:

—Has conocido al elemental de tu cuerpo.

—¿Cómo lo sabes? –me eché a reír. Como siempre, él se había anticipado a mis noticias.

—Lo llevas escrito en todo tu ser –replicó, sorbiendo su té lánguidamente.

—Vamos, vamos, dame más detalles –le dije encantada. Estaba muy contenta de volver a verle. Había echado de menos nuestras charlas matinales.

—No es tan fácil explicárselo a un ser humano –dijo él, resoplando para indicar su superioridad en esa área aparentemente compleja. Sonriendo internamente ante su hábito ya familiar de añadir suspense a las historias, con los ojos bajos, dije en tono de súplica:

—Por favor, sigue adelante lo mejor que puedas. Esta pobre y simple humana lo apreciará enormemente.

—Me has superado una vez más –gritó, muriéndose de risa sobre el sofá–. Te estás volviendo demasiado buena.

Recomponiéndose, continuó en tono más serio:

—Antes, cuando te miraba, veía dos seres: tú y el elemental de tu cuerpo. Estaban separados, como le ocurre a la mayoría de los humanos.

—¿Y ahora? –pregunté presionándole.

—Ahora están más juntos, pero «juntos» no es exactamente la palabra justa –dijo él acariciándose el mentón y buscando una definición más precisa–. Es como si el elemental de tu cuerpo hubiera estado aprisionado dentro de ti, y ahora es libre y se está moviendo por todas tus células. Ha expandido su territorio.

Vi en mi mente la imagen de una ameba amorfa y menuda moviéndose por todo mi organismo, estirándose y encogiéndose continuamente. En ocasiones tenía el tamaño de todo mi cuerpo y se superponía sobre mí. Otras veces se concentraba en cierta parte de mi cuerpo. Cuando se superponía sobre mí, parecía casi humano, como si mirara a través de mis ojos. Proyecté esas imágenes sobre el leprechaun para obtener su confirmación.

—Ese es el aspecto que tiene para ti —confirmó corrigiéndome—. Para mí, es una fuerza vital chispeante que impregna tu cuerpo. ¿Sabías que cuando mueres el elemental generalmente tarda tres días en separarse por completo?

—Esa es la razón por la que en muchas religiones no se entierra a los muertos durante tres días, y la razón por la que Jesús se levantó de entre los muertos después de tres días, ¿no es así? —pregunté, sintiendo que los datos encajaban.

—Correcto —dijo él.

—¿Tenéis vosotros un elemental del cuerpo, como los humanos? —pregunté, sorprendida de saber la respuesta.

—No, no lo tenemos —dijo el leprechaun y pude sentir en él una profunda renuencia a hablar. Como no quería abandonar el tema, continué:

—¡Necesito saber por qué!

—Por supuesto —sonrío con tristeza antes de continuar en un tono más liviano—. Nuestra discusión está entrando en un área de profundos secretos para los elementales, y esto va más allá de lo que te puedo enseñar. He pasado los últimos días con mis maestros, y tengo su permiso para llevarte ante ellos a fin de que recibas nuevas instrucciones.

Mirando mi camisón de franela, me puse a protestar:

—Todavía no. Primero tengo que vestirme.

—En realidad no hace falta –rio–. En mi mundo puedes ir vestida como quieras. Ahora cierra los ojos.

Siguiendo sus instrucciones, sentí que se abría ante mí un túnel negro. En un milisegundo estaba de pie en una pradera de flores silvestres rodeada por robles y espinos gigantescos. El leprechaun estaba a mi lado, vestido con una túnica blanca resplandeciente con un trébol que le cubría el pecho como si fuera un escudo. Llevaba sobre la cabeza su omnipresente chistera. Al mirar hacia abajo me di cuenta de que yo llevaba una túnica similar a la suya, con una brillante rosa roja a la altura del corazón.

—Me he tomado la libertad de vestirte para la ocasión –dijo él, caminando con determinación hacia el robledal. Yo me apresuré para mantener su ritmo.

Caminando entre los altos robles, observé alfombras de campanillas azules cubriendo el suelo del bosque. La luz resplandecía en las hojas, creando un aura de misterio. El aire estaba lleno de voces susurrantes: «¿Quién es él? ¿Quién es ella?», y después se hizo el silencio. Miré hacia arriba y vi a un anciano elemental de barba blanca que nos observaba acercarnos. Él también iba vestido con una larga túnica blanca y tenía un emblema con forma de llama en el pecho. En la mano derecha sostenía una vara muy alta, más alta que él, y sobre su cabeza descansaba un sombrero cónico. «Un mago», fue el pensamiento que vino a mi mente.

—Bienvenida a nuestra tierra –me saludó, en cuanto pude oírle. Sus ojos irradiaban viejos y poderosos secretos–. Nuestro joven amigo te ha estado enseñando muy bien sobre los elementales, pero hay cosas que todavía está aprendiendo, de modo que hemos pensado que sería mejor enseñaros a ambos a la vez.

Apuntó con su bastón hacia un roble gigantesco, y sus tres raíces rugosas se extendieron inmediatamente, tomando forma de sillas. El viejo elemental caminó delante de nosotros y se sentó, indicándonos que hiciéramos lo mismo. Mi amigo leprechaun parecía haber olvidado las presentaciones y estaba extrañamente silencioso. Siguiendo su ejemplo, esperé a que hablara el anciano.

—Estás aquí para aprender más sobre los elementales del cuerpo –comenzó sin interrupciones–. Entiendo que nuestro joven amigo te ha contado que nosotros no tenemos elementales del cuerpo. ¿Por qué crees que es así?

Estaba tan acostumbrada a que el leprechaun respondiera mis preguntas que aquello me pilló desprevenida. El anciano esperó pacientemente una respuesta. Rebusqué entre mis recuerdos pero no encontré nada. Entonces hice lo único que podía hacer en aquellas circunstancias. Extendí mi conciencia hasta el cuerpo de mi anfitrión y traté de ver si podía hallar alguna respuesta; lo que encontré fue una fuente de energía tan vasta que todas las células vibraban con una multitud de colores y sonidos. Sin embargo, en medio de todo ello sólo había una conciencia, la suya.

Retirándome, me sorprendió ver al anciano sonreír a mi amigo leprechaun y decir con fingida simpatía:

—Ella debe de haber sido mucho para ti, ¿no es así?

—¿Por qué suponer algo especulativamente si puedo comprobarlo por mí misma? –dije defendiéndome–. No he podido encontrar un elemental del cuerpo dentro de ti como el que yo parezco tener, pero no sé por qué es así, de modo que me encantaría que me lo dijeras.

—Cuando has estado dentro de mí, ¿qué has comprendido? –preguntó el anciano.

—He visto tus células vivas y llenas de energía, y controladas por tu conciencia –repliqué, reviviendo mi experiencia.

—¿Y has visto mi alma? –quiso saber.

—Para ser franca, nunca he tenido clara la distinción entre el alma y el espíritu –contesté–. En el caso de los humanos, puedo ver sus vidas anteriores y el propósito de su encarnación actual, y puedo saber si están siguiendo su camino o si están fuera de él. Lo que identifico como el propósito de su alma es simplemente el aspecto superior de sí mismos. ¿Y el espíritu? Bien, pienso en el Espíritu Santo como una chispa de vida, un fuego divino que el creador nos dio a cada uno para ayudarnos a vivir en sintonía con el plan divino global.

Tirando levemente de su barba, consideró mis palabras y me preguntó:

—¿Y dirías que yo tengo alma y espíritu?

—Como he dicho –respondí–, creo que no estoy cualificada para juzgar. Tengo problemas para responder a esta pregunta incluso con los humanos; imagínate con los elementales.

—Estoy pidiéndote tu opinión –me presionó el anciano–. Ya sabía que no iba a obtener ninguna respuesta a la que no pudiera llegar por mí misma.

Concentrándome en su pregunta, volví a entrar en su cuerpo y una vez más me sentí rodeada por su increíble fuerza vital. Como había experimentado antes, pude sentir que su energía fluía de acuerdo con el espíritu divino, pero no fui capaz de encontrar nada que se pareciera a un alma.

—¿Entonces? –preguntó arqueando las cejas como hacía mi amigo leprechaun.

—Yo aventuraría que eres todo espíritu, que no tienes alma –dije.

—Correcto –replicó–. Ahora entra en tu joven amigo.

Volviéndome hacia mi amigo leprechaun, le pedí permiso mentalmente y me lo concedió. Cuando entré en su cuerpo pude ver inmediatamente que no poseía tanta fuerza vital como el anciano. También parecía tener una densidad que no estaba presente en su maestro. Para poder entenderlo plenamente, miré más de cerca, y mi pensamiento inmediato fue que él era más como yo. Era más sólido. Confundida, me retiré y compartí mis observaciones con ellos.

—Lo que ves —comentó el anciano— son los comienzos de un elemental del cuerpo. Este joven amigo decidió hace mucho trabajar con los humanos para convertirse en un creador, y su cuerpo está cambiando, pasando de ser una forma puramente elemental a hacerse más denso, como los vuestros. Él está trabajando con el elemental de su cuerpo para poder morir y aun así conservar el recuerdo, recordar sus anteriores encarnaciones. En el mundo elemental podemos vivir mucho tiempo —casi mil años, como yo— pero, cuando morimos, nuestra energía es devuelta a la Tierra y no guardamos recuerdos que llevar con nosotros a otra vida. Para conservar esos recuerdos necesitaríamos un elemental del cuerpo.

Me sentí anonadada por esa información; ahora comprendía por qué me había animado a llegar a aquellas conclusiones por mí misma. Podría no haber creído sus palabras.

—Los seres humanos sacrifican su comunión con el espíritu divino para poder evolucionar y convertirse en creadores, ¿no es así? –pregunté, compartiendo una comprensión respecto a mi propia raza.

—Sí, lo hacen —replicó— pero en último término acabáis convirtiéndoos en fuego divino como yo, y conserváis una memoria que va de una vida a otra. Os convertís en ambas cosas: espíritu y lo que los seres humanos llamáis alma.

—¿Es alma otra palabra para el elemental del cuerpo? –pregunté, todavía intrigada.

—Lo es —dijo él–. Incluso los animales de vuestro mundo son parte de un alma grupal, porque ellos no se individualizan. Los elementales, como los animales, también tienen un alma grupal.

Existe un alma grupal para cada tipo de elemental, incluyendo las hadas, los devas, los gnomos, los goblins, las sílfides, los duendecillos, e incluso los leprechauns. Tal como los animales, por ejemplo los gatos, tienen distintas personalidades pero siguen siendo gatos, nosotros también tenemos diferentes personalidades, pero estamos mucho más vinculados a nuestra alma grupal que los humanos.

En ese momento mi amigo leprechaun por fin se decidió a hablar:

—La nueva casta que se formó hace casi cien años está compuesta por elementales de distintas castas, de modo que podamos aprender la diversidad unos de otros. Esto nos ayudará a individualizarnos. Todos los miembros de nuestro grupo tenemos elementales del cuerpo y, por tanto, somos mutantes en nuestro mundo. Los demás elementales nos consideran densos, y posiblemente llegará el momento en que nos resultará más difícil quedarnos aquí que ir a vuestro mundo humano.

—Sólo que –interrumpió el anciano, corrigiendo a mi amigo– actualmente muchos humanos se están ocupando de elevar la vibración de su mundo. Cuando los humanos plantan más árboles de los que cortan, matan sólo lo que necesitan para comer y trabajan de acuerdo con el plan divino, aligeran la vibración de su mundo, trayéndolo más cerca del nuestro. Antes de que pasen muchos años nuestros dos mundos empezarán a superponerse tal como estaban superpuestos hace muchos años.

Mientras hablaba, sus ojos reflejaban añoranza.

—¿Entraste alguna vez en mi mundo? –pregunté educadamente.

—En mi juventud, hace muchos cientos de años –dijo nostálgico–, los humanos y los elementales éramos más parecidos. Ambos mundos estaban cubiertos de fértiles bosques, praderas y claros arroyos y lagos. Los humanos no comprenden la importancia que tiene el entorno físico y cuánto influye sobre su espíritu. Erais más ligeros y limpios cuando vivíais cerca de la naturaleza. Teníais menos conocimientos pero más sabiduría. Cuando vuestros espíritus y cuerpos eran más limpios, a menudo podíais ver a los elementales. Les ofrecíais regalos de comida y celebrabais los cambios de estación para agradecerles el crecimiento de vuestras cosechas. Ese reconocimiento fortaleció nuestra presencia en vuestro mundo.

—¿Y tú crees que volveremos a trabajar y jugar juntos algún día? –pregunté al anciano esperanzada.

—Así está registrado –respondió.

Mirando a mi amigo leprechaun y después a mí, pude sentir que entretejía nuestras energías, acercándolas más.

—Hay muchos humanos –dijo el anciano– trabajando para limpiar el mundo de polución y avaricia, y muchos elementales trabajando para convertirse en creadores que puedan cuidar de la Tierra.

—¿Por qué no tienes un cuerpo elemental como nuestro joven amigo? –le pregunté, aguijoneando a mi amigo leprechaun con el título que le había concedido el anciano.

—La opción de convertirse en creador no estaba disponible cuando yo era joven –respondió–. Cuando se ofreció la opción, ya era demasiado tarde para mí. No obstante, puedo trabajar con los elementales jóvenes –como nuestro joven amigo aquí presente– para transmitirles mi sabiduría, y ellos la recordarán por mí. Y a veces puedo trabajar con humanos como tú, siempre que su espíritu sea ligero y lo suficientemente fuerte para yo pueda soportar su presencia y ellos la mía.

Pude sentir que nuestra conversación estaba acabando, pero me moría de ganas de saber si él era un leprechaun o algún otro tipo de elemental, y cuáles eran sus talentos. Estaba a punto de preguntárselo cuando dijo:

—Mañana hablaremos de otras especies elementales. Ya es hora de que vuelvas a casa y te vistas.

Miré hacia abajo y me sentí horrorizada al comprobar que volvía a estar en camisón. Tanto el anciano como mi amigo leprechaun se disolvieron riéndose, y yo me encontré de nuevo en mi dormitorio, delante de mi cama deshecha.

Capítulo 17
Tierra, aire, fuego y agua

Esperé ansiosamente que llegara el día siguiente; había varias preguntas que presionaban en mi mente. La mañana amaneció soleada; saqué afuera dos sillas y dos tazas de té, y me senté. Estaba bañándome en los rayos de sol e inspirando la brisa fresca cuando el leprechaun se materializó en la otra silla.

—Que tengas muy buenos días –me saludó, inclinando levemente su sombrero–. Has impresionado mucho al anciano. No entiendo por qué, pero le gustaría volver a verte hoy.

—Me sentiré muy feliz de volver a verle, joven –dije tomándole el pelo, muy dispuesta a tomarme la revancha por el incidente del camisón.

—Ya vale –me dijo en tono de reprimenda, fingiendo estar enfadado–, o no te llevaré.

—De acuerdo, tregua –dije yo, feliz de estar negociando completamente vestida.

—Tregua –dijo él, y apuntando con el dedo detrás de mí, abrió un túnel negro que me engulló. En un abrir y cerrar de ojos estábamos sentados en el mismo roble, justo al lado del anciano.

—He estado pensando en los dibujos de los emblemas que lleváis sobre vuestro pecho –dije a la manera de los elementales, como si no hubiera transcurrido el tiempo.

—¿Y...? –preguntó el anciano, esperando mi conclusión. Le agradaba comprobar que ahora entendía su sistema: yo le decía las respuestas en lugar de hacerlo del otro modo.

—Vuestros emblemas tienen que ver con el talento de vuestra alma –dije. Después, recordando que él no tenía alma, corregí: – Quiero decir con la esencia de vuestro ser.

Sonriendo, replicó:

—Eso es correcto. Entonces, ¿qué representan nuestras insignias?

—Tú ardes con el fuego divino del creador –repliqué, mirando la llama de su pecho.

Él afirmó con la cabeza. Y apuntando a la rosa de mi pecho, preguntó:

—¿Y tú?

Yo continué:

—La rosa es el símbolo místico de la iluminación para Occidente, del mismo modo que el loto lo es para Oriente. En la tradición mística humana hay doce rayos de poder que crean nuestro mundo y, para convertirnos en creadores, cada uno de nosotros debe aprender a usar los dones de cada rayo. Cinco de estos rayos no están en manifestación, lo que significa que su don es disolver o eliminar lo que ya no es necesario en el mundo. La rosa es uno de los cincos rayos no manifestados. Mi don es ayudar a la gente a eliminar o retirar de la manifestación lo que ya no necesita en su vida, ya se trate de pensamientos, sentimientos o relaciones. Por eso mi insignia es una rosa.

—No está mal –replicó el anciano–. ¿Y el trébol de nuestro joven amigo?

—Aparte del hecho de que él es irlandés, y el trébol está asociado con Irlanda, no lo sé –respondí, esperando que no me propusiera elucidarlo.

Volviéndose hacia mi amigo leprechaun, el anciano esperó su respuesta.

—El trébol que usamos los elementales tiene cuatro hojas –y no tres, como la trinidad cristiana –. Sus cuatro hojas indican nuestro control sobre los cuatro principales elementos de la naturaleza: tierra, aire, fuego y agua. Todos los elementales que trabajan en nuestra casta llevan esta insignia –replicó, apartando su mirada de mí y dirigiéndola hacia el anciano.

—¿Siguiente pregunta? –ordenó el anciano, sin perder tiempo.

—¿A qué especie de la evolución elemental perteneces? –pregunté, sin querer mostrarme ruda, pero tratando de entender. Él parecía bastante humano, aunque más pequeño, y con los ojos rasgados como suelen tenerlos los elementales. Estaba confundida.

—Tu problema es que tus prejuicios niegan la verdad de tu percepción –respondió.

Sabía que podía simplificar lo complejo, pero me resultaba más difícil ver cosas que eran evidentes para otros. Decidiendo enfocar la atención en lo evidente, miré su insignia.

—¿Eres un elemental del fuego? –pregunté, sin confiar plenamente en mi propia percepción.

—Eso es –respondió el anciano sonriendo–. He elegido una forma con la que te puedes sentir cómoda. Pero deberías haber prestado más atención a tu observación cuando te pusiste en contacto con mi verdadera esencia interna.

Me esforcé por recordar lo que sabía de los elementales del fuego, que era básicamente que se mueven entre las llamas de la chimenea. «¿Ondinas, se los llama? No, esos son los elementales del agua. ¿Sílfides? No, esos son del aire.» No podía recordar su nombre, pero, en cualquier caso, ese anciano no se parecía en nada a mi idea de los elementales del fuego.

—Vuelves a quedarte atrapada en tus prejuicios –dijo él, leyéndome la mente– y la palabra que estás buscando es salamandra. Tu imagen de la salamandra surge del principio mismo de nuestra evolución. Gradualmente, a medida que evolucionamos, somos portadores de una parte cada vez mayor del fuego del creador.

—Eso no ocurre en una sola de vuestras vidas, ¿no es así? –pregunté.

—No. Tardamos muchas vidas en llegar a ser maestros, como los humanos –me explicó–. El fuego es el más elevado de los elementos. Tienes un fuego en tu cuerpo, que los humanos llamáis energía *kundalini*. Esta energía kundalini transporta la fuerza vital divina del creador a través del canal central que recorre tu espina dorsal. Este canal está conectado con los siete centros energéticos principales de tu cuerpo, que vosotros llamáis *chakras*. El fuego kundalini nutre estos chakras, que a su vez dan energía a todos los órganos a los que cada chakra está conectado. Incluso vuestra sangre transporta la fuerza vital de la energía de fuego. El fuego es necesario para manifestar lo que uno quiere en ambos mundos. Es la chispa que activa la manifestación.

Mientras hablaba, pensé en el ejercicio de encender el fuego con la mente que había estado practicando todo el verano. No había tenido éxito, a pesar de mis numerosos y arduos intentos.

—Se debe a que en realidad no crees que puedas encender el fuego con tu mente. La falta de fe cancela la posibilidad de hacerlo –declaró el anciano, encendiendo tranquilamente la punta de su bastón, que resplandecía como una antorcha. Sintiendo algo en mi mano, miré hacia abajo y descubrí que tenía un bastón similar.

—Ahora, inténtalo –me ordenó.

Permitiendo que mi conciencia entrara en mi cuerpo, dirigí mi atención al chacra raíz, el asiento de mi energía de fuego que está conectada con la energía de la Tierra. Elevando el fuego a través de mi cuerpo, imaginé que el extremo de mi bastón ardía. El bastón se encendió. Sorprendida, cerré mi mente, incapaz de creer lo que estaba viendo, y la llama se apagó. Volví a intentarlo, imaginé que la llama del bastón del anciano saltaba y encendía la mía. Funcionó durante unos segundos hasta que él la apagó.

—Eso no está permitido –me riñó sonriendo–. Nunca aprenderás a hacerlo por ti misma si no tienes fe en ti. Vuelve a intentarlo.

Me di cuenta de que tenía miedo de mi propio fuego. Durante varios años había sufrido quemaduras espontáneas en las manos y en el cuerpo, y a veces había tenido que ir al hospital por esa causa. El diagnóstico decía que eran quemaduras de segundo grado, pero no se pudo encontrar ninguna razón para ellas. Lo único que aliviaba mi piel era tomar baños durante una semana o dos, hasta que el fuego desaparecía. Siempre me sorprendía que mi cuerpo se curara totalmente y no me quedara cicatriz.

—Esas quemaduras son el resultado de tener demasiado fuego sin estabilizarlo ni canalizarlo de vuelta al mundo –dijo el anciano, animándome–. Debes aprender a expresar tu fuego en el mundo, y las quemaduras pasarán. No es accidental que yo haya sido designado para enseñarte. Un creador bien equilibrado, que pueda crear en el mundo, debe controlar los cuatro elementos. Esto es lo que ha hecho el ser creador de este planeta, al que llamáis Dios. Pero el fuego es el elemento más importante, y se necesita para crear cosas rápidamente en vuestro mundo tridimensional. Ahora vuelve a intentarlo.

Volviendo a dirigir la atención a mi fuego interno, permití que ascendiera una vez más a través de mí hasta sentir que todo mi cuerpo ardía. Tenía la esperanza de que hubiera un elemental del agua por allí en caso de que el experimento se me fuera de las manos. Mi fuego se atenuaba y volvía a resurgir continuamente; tenía poco control sobre él. Decidí crear algo positivo con el fuego, e inmediatamente me vino a la mente una imagen del agradable fuego de mi hogar. Abrí los ojos y vi mi chimenea en medio del bosque, con un fuego precioso dentro de ella.

—Ese es el fuego que has estado creando cada día con tu concentración –observó el anciano–. Se manifiesta con mucha más facilidad en nuestro mundo que en el vuestro, que es tan pesado y denso. Has creado el fuego en el éter, que contiene el recuerdo de todos tus pensamientos. De modo que no desesperes pensando que has fracasado.

En ese momento, mi amigo leprechaun, que había estado siguiendo nuestra conversación en silencio, interrumpió:

—Podría ser un buen momento para presentarle a algunos de los otros.

—Sí que lo es –replicó el anciano–. Vamos a ver si puede venir el agua.

Un momento después apareció otra silla en las raíces del árbol, y un segundo elemental, idéntico al anciano, se sentó en ella. Una lenta sonrisa se dibujó en su cara. Haciendo una reverencia, el elemental del fuego desapareció y su silla se reabsorbió en el árbol.

Cuando me giré hacia el elemental del agua, me di cuenta inmediatamente de que su insignia era una ola elevada, de color azul profundo, moviéndose a través de su pecho. Sus ojos eran muy diferentes de los del elemental del fuego. Mientras que los de este último resplandecían y chispeaban por el fuego que tenían detrás, los ojos del elemental del agua expresaban la paz de un profundo mar azul. Me sentí tan calmada por su presencia como me había sentido estimulada por la del otro.

—Lo que necesito es agua –dije, tomando una respiración profunda y hundiéndome en la paz de su aura. Mi amigo leprechaun tosió para atraer mi atención y, sacudiendo la cabeza, me indicó que me callara. «Las reglas vuelven a ser diferentes», pensé, cerrando la boca.

—¿Qué piensas de nuestro mundo hasta ahora? –preguntó el elemental del agua educadamente.

—Me estoy divirtiendo mucho –dije con cortesía, preguntándome si las aproximaciones ceremoniosas eran típicas de ese elemento. Me asenté más profundamente en su paz, y sentí que cada vez me importaba menos que habláramos o no.

—Esto es lo que ocurre cuando los humanos tienen demasiada agua –dijo él, despertándome de mi sueño–. Se vuelven perezosos, informes e indecisos.

Ansiosa por probar que todavía podía pensar, salí de la paz en la que me estaba hundiendo y pregunté:

—¿Y cuál es la cantidad correcta de agua para un ser humano?

—La proporción correcta es cuando estás equilibrado entre el estado «ser» del agua y el estado «hacer» del fuego –replicó el elemental.

Distinguí a mi amigo leprechaun con el rabillo del ojo. Parecía sorprendido de que ese elemental me hablara.

—Todavía puedo hablar –dijo el anciano con amabilidad–. Simplemente no me gusta hacerlo cuando te enseño y, si tuviera más tiempo para estar con tu amiga humana, tampoco le hablaría a ella.

Volviéndose hacia mí, el elemental del agua continuó:

—Como puedes ver, mi don es de paz y tranquilidad, de ser, no de hacer.

—Aunque me siento en paz a tu lado –dije–, los arroyos burbujeantes, los ríos poderosos y los océanos tormentosos no tienen la paz de la que hablas.

—Oh, eso –respondió, sonriendo lánguidamente–. Esa no es la verdadera esencia del agua. Eso es agua agitada por el fuego o por el aire. El agua es el elemento básico de este planeta y, como sabes, buena parte de tu cuerpo es agua. El agua es el conductor a través del cual los elementos fuego, aire y tierra se mueven en tu cuerpo. –Mirándome, continuó–: El agua lubrica tu cuerpo para que puedas moverte. Es la saliva de tu boca que te permite saborear. ¿Nunca has pensado en el agua del inconsciente, que contiene el potencial para hacer realidad tus sueños?

Mientras el elemento agua hablaba, recordé cuánto me gustaba nadar en los lagos y mares durante el verano; sentía que estaba haciendo algo de primera importancia, en lo que no intervenía mi pensamiento intelectual. Asimismo, recordé que algunas de mis mayores comprensiones habían tenido lugar mientras meditaba en la ducha. Sin embargo, en general, pensé que entendía el fuego y el aire mejor que el agua.

El elemental del agua interrumpió mis pensamientos y declaró:

—Todos los seres tienen elementos específicos con los que están más en armonía, pero, como el elemental del fuego debe de haberte dicho, es necesario controlar y conocer los cuatro elementos para convertirse en creador. Sigue nadando.

Acabó de hablar y otro ser, idéntico al anterior excepto por un espacio vacío en el pecho, apareció junto a él. El elemental del agua permaneció sentado, observando calmadamente. Como no quería ofender al nuevo elemental, no dije nada. Pero probablemente esa no era la actitud correcta, puesto que el nuevo elemental, más diáfano que los otros dos, amenazaba con desaparecer completamente.

—Debes de ser el aire –dije, llamándole a tomar forma con mi pregunta.

—Correcto –dijo alegremente, y continuaba tomando forma y desapareciendo sobre la silla.

—¿Puedes mantener una forma como los elementales del fuego y del agua? –pregunté.

—Por supuesto que puedo, siempre que tome prestado un poco del elemento tierra –comentó, e inmediatamente se solidificó–. He pensado en mostrarte más de mi verdadera forma para que puedas entenderla mejor.

—¿Sería de ayuda que entrara en ti como entré en el elemento fuego? –pregunté, curiosa.

—Adelante –me invitó, esperando que lo hiciera.

Dirigí mi conciencia hacia dentro del elemental del aire. Sorprendida, allí no vi nada más que espacio y éter. Buscando la conciencia del elemental del aire, la encontré observándome y escuchándome dondequiera que miraba. Me retiré y traté de dar sentido a mi experiencia.

—¿Eres el espacio entre toda la materia? –pregunté, creyendo que había encontrado la interpretación correcta.

—Eso es lo que soy –dijo–. Vuestros científicos humanos están empezando a descubrir cuánto espacio existe en la materia, y yo soy ese espacio. Controlando mi elemento, tanto los humanos como los elementales pueden viajar en el espacio, en el tiempo y entre dimensiones. Yo prefiero pensar en mí mismo como espacio o éter, más que como aire. El aire sólo es un subproducto de mi esencia.

Mientras hablaba, miré más de cerca su pecho, tratando de localizar su emblema. Pero lo que vi eran corrientes sutiles, apenas visibles, de energía girando. Sus ojos también eran diferentes.

Eran pozos sin fondo de espacio vacío dentro del cual podría caer si no mantenía la atención donde me encontraba.

—Nuestro joven amigo –dijo el elemental del aire señalando al leprechaun– usa mi elemento para traerte hasta nosotros, y puede llevarte a viajar por otros lugares.

Antes de que pudiera darle las gracias por esa información, el elemental del aire desapareció y otro elemental mucho más sólido le reemplazó. Una vez más, este tenía un aspecto idéntico a los anteriores, excepto por el emblema con un cristal multicolor que cruzaba su pecho. Parecía más nudoso y retorcido que los demás, y sus ojos cambiaban continuamente de color del verde al marrón. Evidentemente, era el elemental de la tierra.

—Como ya has conocido a los demás, también puedes conocerme a mí –dijo, dirigiéndose a mí con un gruñido.

Me pregunté por qué parecía tan antagónico, y él respondió a mi pensamiento:

—Vosotros, los humanos, estáis matando nuestro mundo –dijo acusadoramente.

—Puedo entender tu enfado, pero yo no lo estoy haciendo personalmente; de hecho, estoy tratando de hacer cosas positivas para ayudar al mundo –respondí defendiéndome.

—No estás haciendo ni la mitad de lo que podrías hacer –respondió el elemental de la tierra.

Nuestra relación se estaba desintegrando incluso antes de haber empezado, de modo que decidí probar un enfoque diferente.

—Probablemente tienes razón –dije– pero he tenido una larga mañana y creo que ambos podríamos conseguir mucho más para el mundo si nos viéramos mañana. ¿Te parece aceptable esta propuesta?

Pude sentir las oleadas calmantes que emanaban del elemental del agua, que había estado observando los intercambios. Girando la cabeza para reconocer el mensaje inexpresado del

otro elemental, el elemental de la tierra se volvió hacia mí y dijo en un tono más reposado pero gruñón:
—Acepto tu sugerencia; te veré aquí mañana.

El túnel apareció frente a mí y volví a estar en la silla de mi jardín. El sol, que estaba saliendo cuando me había ido, acababa de pasar su cenit en el cielo. Junto a las sillas, en el suelo, había dos tazas de té frío. Agotada, recogí las tazas, las llevé a la cocina y me tumbé en el sofá para echar una siesta. La confrontación con el elemental de la tierra me había conmovido, y no tenía ganas de volver al día siguiente. Sin embargo, me di cuenta de que tenía que ir. Sentí que estaba siendo acusada de crímenes cometidos por toda la humanidad, y que de algún modo tenía que defender a mi raza. Sonreí ante lo irónico de la situación. Yo solía ser la acusadora cuando veía lo que los demás humanos le estaban haciendo a la Tierra.

Capítulo 18
Crímenes contra la Tierra

La mañana del siguiente día estaba poniendo a hervir agua para el té con la esperanza de aliviar la sensación de miedo que tenía en la boca del estómago. «¿Dónde está mi amigo leprechaun cuando lo necesito?», me pregunté, llamándole mentalmente.

—Aquí estoy –dijo, materializándose a mi lado con una larga túnica negra del tipo que llevan los jueces o los cantantes del coro. No hacía falta ser muy inteligente para adivinar el papel que le tocaría representar ese día.

—Oh, no –gruñí, retirando la tetera del fuego–. Creo que no iré. ¿No podríamos limitarnos a sentarnos en el jardín y hablar con las hadas de las flores?

—Otro día –dijo él severamente–. Ahora prepárate el té y vamos a tener una charla antes de ir.

Puse una bolsa de té más en la tetera. «Quizá la teína extra será de ayuda», pensé desganada. Corriendo al baño, me lavé vigorosamente los dientes y la cara con agua fría. Volví al dormitorio, me puse el jersey de lana y pensé lo agradable que sería ir más al sur y pasar una semana al sol. Volví a la cocina, tomé la tetera y dos tazas y salí al jardín. Mi amigo leprechaun ya estaba sentado en su silla, esperando.

Suspirando, me hundí en mi silla. Cerré los ojos con la esperanza de que esta jornada transcurriera en un abrir y cerrar de ojos y ya fuera el día siguiente.

Recordé que una vez había oído que la mejor línea de defensa era asumir la ofensa, de modo que dije:

—No es justo que se me culpe por toda la humanidad y por lo que se le hace a la Tierra.

El leprechaun no dijo nada.

—Estoy preparada para ser castigada por mis acciones –dije–. Eso es lo justo, ¿no es así?

El leprechaun continuó sentado en silencio, negándose a participar en el debate.

—Después de todo, soy una huésped en vuestro reino. ¿Es este el modo de tratar a los huéspedes? –pregunté retóricamente. Dándome cuenta de que no estaba llegando a ninguna parte, suspiré, me serví el té y, capitulando, pregunté–: ¿Cuándo nos vamos?

—En cuanto acabes el té –replicó, sosteniendo su taza de té etérica con las dos manos y levantándola hacia sus labios fruncidos.

Sentada en silencio, repasé mentalmente los peores escenarios posibles, y la mayoría de ellos tenían el mismo tema básico: humana desaparece de la remota casita de Irlanda y nunca se la vuelve a ver.

Tratando una vez más de involucrar al leprechaun en una conversación, le pregunté:

—¿Tienes alguna idea de cómo puedo abordar esto?

—Lo siento, no se me permite –replicó, dejando su taza medio vacía en el suelo y mirando la mía, que estaba casi llena. Estaba tratando de retrasar todo lo posible lo inevitable.

Resignada, me bebí el té y dije con toda la valentía que pude reunir: «Estoy preparada». Al desaparecer en el túnel, mi amigo leprechaun me guiñó un ojo para animarme.

Me encontré de pie en el robledal, pero las cosas habían cambiado. En lugar de la túnica blanca, iba vestida con una especie de tela de saco de la que colgaban hojas muertas e imágenes inquietantes: pájaros envenenados por insecticidas, animales muertos con hombres armados encima de ellos, bosques enteros devastados de los que sólo quedaban tocones ennegrecidos...

En lugar de la paz que había asociado con ese robledal, sentía enfado por todas partes. Delante de mí estaban los cuatro elementales de la tierra, el aire, el fuego y el agua, vestidos como antes, pero sus ojos ya no eran los mismos. Pude ver en ellos el poder brutal de las tormentas, los volcanes, los tornados y los terremotos, y me sentí aterrorizada de que dirigieran esas energías hacia mí.

—Hoy vas a ser juzgada –empezó el elemental del fuego– por crímenes contra la Tierra. ¿Cómo te declaras?

—Culpable –repliqué. ¿Qué defensa podía argüir ante lo que los demás seres humanos y yo habíamos hecho?

—¿Tienes algo que alegar en tu defensa? –preguntó el elemental del agua.

Pensando más detenidamente, respondí:

—Ignorancia.

—Haz tu alegato –replicó el elemental del aire, barriendo las hojas muertas de mi túnica con una repentina ráfaga.

—Los humanos son niños, bebés creadores –dije, defendiendo a la humanidad–. No se nos puede juzgar como adultos con pleno conocimiento, que hacen las cosas responsablemente. A diferencia de los elementales, hemos perdido contacto con el espíritu divino que os guía en vuestro trabajo positivo por la Tierra. Sin esta guía interna, estamos esforzándonos, a través del método de prueba y error, por redescubrir las leyes correctas. Como niños que anhelan comer caramelos hasta enfermar, hemos consumido los recursos de la tierra y ahora estamos sufriendo las consecuencias.

Los elementales escuchaban sin hacer comentarios, y continué:

—Los humanos, como los elementales, no podemos ser juzgados como raza. Los individuos de ambas razas están en distintas etapas de su evolución. No negaré que el mundo está lleno de humanos codiciosos que alimentan sus necesidades egoístas, pero se ha producido un cambio a lo largo de los últimos cuarenta años. Este es un período muy corto –y aún más corto en vuestro período de vida–, de modo que tal vez no lo notéis, pero cada vez hay más humanos que están trabajando por preservar la naturaleza. Hemos empezado a replantar los bosques que antes matamos. Estamos eliminando la caza de animales por deporte. Nos estamos curando con los cristales del mundo mineral, y hablando a las plantas. Comemos alimentos situados en escalones más bajos de la cadena alimentaria.

Ellos escuchaban en silencio, y yo proseguí:

—No digo que no tengamos que ir mucho más lejos, pero los humanos estamos tratando de hacernos más responsables, y vuestra ayuda nos vendría bien.

Bajé la mirada y me di cuenta de que mi túnica había empezado a cambiar. Las hojas muertas ahora mostraban tonos de verde. Había pequeños árboles y flores creciendo entre los tocones de los bosques devastados. Pude ver águilas sentadas en su nido con dos huevos, y la gente disparaba a los elefantes africanos con cámaras en lugar de rifles.

Llena de esperanza, levanté la mirada y vi a los cuatro examinándome. De repente, supe que estaba en presencia de cuatro maestros del mundo elemental. Como yo era humana, la dirección de mi evolución no estaba bajo sus auspicios, pero entendí que había sido enviada a trabajar con ellos para hacer de puente entre nuestros dos mundos. La evaluación que hacían de mí era una especie de iniciación, similar a la iniciación que estaba pasando aquel verano en el mundo humano. Estaban poniendo a prueba mi resolución de servir al mundo y a todos los seres.

Permitiendo que estas observaciones calaran, permanecieron en silencio. Finalmente, el elemental de la tierra, el que más antagónico se había mostrado el día anterior, se giró hacia mi amigo leprechaun y le preguntó:

—¿Qué opinas tú?

Yo había estado tan absorbida en el proceso que me había olvidado completamente de la presencia de mi amigo. Mirando hacia mi derecha, lo vi; todavía iba vestido con su túnica negra y estaba sentado detrás de un gran escritorio con un martillo de juez en la mano.

Levantándolo y golpeando en la mesa, se pronunció:

—No culpable por ignorancia –dijo y, mirándome, continuó–: No obstante, no sale completamente absuelta. Recomiendo una penitencia.

—¿Y cuál podría ser? –dijo el elemental de la tierra, indicando su acuerdo con la sentencia.

—Debe escribir un libro sobre nuestro mundo y la evolución elemental, de modo que los humanos ya no puedan alegar ignorancia y, en cambio, trabajen conscientemente con nosotros para sanar la Tierra –respondió con claridad cristalina.

—Acordado –dijeron los cuatro elementales a la vez.

El elemental de la tierra se giró hacia mí y me dijo:

—Ese libro no se escribirá ahora, porque aún no ha llegado el momento. Será escrito dentro de diez años. Entretanto, prepara las mentes y los corazones de las personas para que acojan nuestro mensaje. También ayudarás a quienes trabajen con nosotros consciente o inconscientemente.

—Estoy de acuerdo –respondí y, mientras los miraba, los cuatro se volvieron hacia mí con sus bastones y lanzaron rayos de energía sobre mi cuerpo. El impacto me dejó inconsciente. Varias horas después estaba sentada en la silla de mi jardín.

Capítulo 19
Trabajar juntos

Aquella noche, después de cenar, estaba sentada en el jardín pensando en mi experiencia cuando, inesperadamente, apareció el leprechaun. Ya no iba vestido con su túnica negra, y llevaba puesto su habitual chaqueta verde de manga larga, pantalones marrones y la omnipresente chistera.

—No te esperaba hasta mañana –dije, saludándole.

—No podía esperar, no podía esperar, hay tanto que hacer... –murmuró vacilante.

Estaba tan acostumbrada a su apariencia erudita que verle tan atolondrado, como el Sombrerero Loco de *Alicia en el país de las maravillas*, me resultó desconcertante. Me levanté para prepararle una taza de té que le calmara, pero él me agarró del brazo y volvió a sentarme en mi silla.

—No hay tiempo, no hay tiempo –continuó, aún frenético.

—Dime qué ha ocurrido –le pregunté con voz tranquilizante.

—Se me ha dado la responsabilidad... –susurró y se detuvo. Estaba reteniendo algún secreto importante.

—¿De qué? –pregunté, ansiosa por saber toda la historia.

—Del libro, de asegurarme de que tienes la información necesaria, y de encontrar los elementales adecuados para trabajar con nosotros, y de todo lo demás, de todo –replicó, quitándose la chistera y pasándose una mano por la frente. Por una vez no parecía estar actuando.

Con simpatía, le pregunté:

—¿Que ocurrió cuando me fui?

—Más vale que empiece desde el principio –dijo él, mirándome con bondadosa exasperación, como cuando se explica algo a un niño–. Sé que vosotros, los humanos, encerrados como estáis en el tiempo, siempre tenéis que empezar por el principio para poder entender. –Volviendo a ponerse la chistera y relajándose en su silla, comenzó–: Tenía muchas ganas de que vinieras a vivir aquí, tantas como las que tú tienes de iluminarte.

Dijo la última palabra con la nariz en el aire e imitando el tono de la clase alta británica. Me alegró comprobar que había recuperado su sentido del humor.

—Como te he dicho antes –continuó–, me estoy preparando para las mismas iniciaciones en mi mundo que tú en el tuyo y para aprender más de ti respecto a los humanos, y enseñarte forma parte de mi estudio –tomó una pausa–. Pero ellos acaban de cambiar las reglas. Tengo que trabajar contigo durante años y años, y tengo que asegurarme de que escribas ese libro y retengas la información adecuada. –Mientras hablaba, se frotaba inquietamente las manos.

—Bueno, las reglas también han cambiado para mí –dije, compadeciéndome de mí misma como él–. Recuerda, yo pensé que iba a meditar todo el verano y que me iba a iluminar. En cambio, estoy viviendo en una casita encantada, haciendo viajes a vuestro mundo para defender a los seres humanos, y ahora me entero de que no sólo no voy a iluminarme, sino que tengo que escribir un libro sobre toda esta experiencia dentro de diez años. ¿Se le ha ocurrido a alguien preguntarse cómo voy a recordar todo esto dentro de una década?

—Oh, no te preocupes por recordar porque yo estaré contigo para ayudarte –dijo él, haciendo un gesto con la mano–. Sabes –añadió, cambiando de tema–, ellos están haciendo esto para acelerar mi proceso de convertirme en creador. Pero no me van a ayudar, se van a limitar a ver qué hago.

Mientras hablaba, sintió otra oleada de ansiedad ante la perspectiva de tener que convertirse en creador sin ayuda.

—Oh, no te preocupes por eso –le tranquilicé–. Los seres humanos pasamos toda nuestra vida actuando por nosotros mismos. Yo te ayudaré con eso.

Nos miramos mutuamente y nos pusimos a reír. Acabábamos de darnos cuenta de que mi punto débil era su punto fuerte, y viceversa. Evidentemente, no era accidental que nos hubieran puesto juntos.

Yo fui la primera en hablar:

—Esos cuatro elementales son tus maestros, ¿no es así? –pregunté, y luego añadí–: En realidad no tienen ese aspecto... ¿o sí?

—Sí, son mis maestros, pero ¿qué aspecto tenían para ti? –inquirió, confundido por mi pregunta.

—Todos eran idénticos, con pelo blanco y barba, sombreros altos de sabio, túnica blanca... –repliqué, también confusa por su pregunta.

Él se echó a reír y contestó:

—Ese no es en absoluto el aspecto que tienen para mí. Los elementales más ancianos pueden adoptar cualquier forma que deseen, pero sólo los maestros pueden crear distintas formas para distintos seres al mismo tiempo. Asumieron una forma con la que tú pudieras sentirte cómoda.

—¿Qué aspecto tienen para ti? –pregunté intrigada.

Recordando los dos viajes que habíamos realizado juntos, él se esforzó por encontrar palabras que yo pudiera entender.

—Tierra, éter, fuego y agua cambian de forma continuamente para convertirse en aquello de lo que hablan. A veces tienen el aspecto de uno de los elementales asociados con cada elemento, por ejemplo la tierra toma la forma de un gnomo. En ocasiones tienen el aspecto de una ola erguida, o de un cristal, o de un remolino.

Al hablar, recordé los emblemas que llevaban en el pecho y me di cuenta de que eran imágenes en miniatura del ser que veía mi amigo leprechaun. Sentí curiosidad y pregunté:

—¿Cómo te enseñan? –Sabía que no se limitaban a hablar, como suelen hacer los profesores humanos.

—Nuestros maestros elementales entran en nuestros cuerpos para que podamos experimentar plenamente quiénes son. De este modo nos hacemos como ellos –dijo, y añadió con tristeza–: Pero esto ocurre cada vez menos. Como nuestro grupo se está haciendo más denso, más humano, les resulta más difícil entrar y cambiarnos. Ahora nos hablan más, y practicamos lo que dicen. A los elementales nos resulta muy difícil aprender de esta manera, pero así es como lo hacen los humanos, y así es como yo me he comunicado contigo. Probablemente me enviarán a alguno de tus maestros humanos, tal como tú has sido enviada a mis maestros elementales, para que pueda aprender más sobre la evolución humana.

—¿Entras en los otros elementales cuando les enseñas? –pregunté.

—A veces, con su permiso, solo que no enseño a todos los elementales –replicó el leprechaun–. Únicamente enseño a los de mi casta que quieren trabajar con los humanos. Extiendo mi cuerpo elemental al cuerpo de mi alumno para que él pueda experimentar lo que digo. Es lo mismo que tú hiciste con los maestros. En nuestra casta también hablamos mucho, porque, con tantos tipos de elementales diferentes, resulta difícil estar mucho tiempo dentro del cuerpo de los demás. Seremos más capaces de hacer esto cuando seamos más fuertes y menos propensos a perder nuestra identidad. Pero no es así como aprenden la mayoría de los elementales. Casi todos ellos entran en el otro ser porque su objetivo es convertirse en un elemental de ese mismo tipo. Nuestra casta es la excepción.

No recordaba que hubiera entrado en mi cuerpo y sentí curiosidad por saber si eso le ayudaría en algún sentido.

—No, no me ayudaría –replicó, captando mi pensamiento–. Es muy peligroso. Tú eres demasiado fuerte para mí, y yo recibiría una impronta para ser como tú. Es mucho mejor que aprendamos hablando, porque, incluso cuando hablas, tu esencia me inunda. Eso es todo lo que puedo tomar de ti.

—Pero tú me diste permiso para entrar en ti cuando estábamos con el elemental del fuego –argumenté–. ¿Cuál es la diferencia?

—Estábamos en el mundo elemental; tu ego era mucho más débil y no suponía un peligro para mí –replicó–. Aquí, en tu mundo, tú eres mucho más fuerte que yo.

—¿Hay algo que te gustaría cambiar durante el tiempo que pasamos juntos? –pregunté, ansiosa por maximizar nuestro aprendizaje.

—No. –Sonrió, leyéndome el pensamiento–. Estoy satisfecho de nuestro progreso.

Durante la charla, él se había ido relajando cada vez más, y ya no se sentía ansioso respecto a lo que sus maestros le habían pedido. Creyendo que había llegado el momento de retomar el tema, le dije:

—Entonces, estamos de acuerdo en que trabajamos bien juntos y ambos hemos aprendido mucho. Pero ahora debemos pensar en cómo ayudar a los elementales y a los seres humanos para que trabajen juntos. Después de todo, ese es nuestro propósito.

Él esperó a que yo continuara. Parecía que habíamos entrado en un terreno nuevo donde los humanos teníamos ventaja.

—Tu casta de elementales se ha comprometido a trabajar con los humanos por dos razones: para poder convertirse en creadores y para ayudar a nuestro planeta. ¿Tiene cada uno de estos elementales un ser humano con el que trabajar? –inquirí tratando de obtener más información.

—Por desgracia no –replicó–. Y eso es por dos razones: en primer lugar, no hay suficientes humanos como tú que estén interesados o que puedan acceder directamente a los reinos elementales. En segundo lugar, no hay bastantes elementales lo suficientemente fuertes para mantenerse en el mundo humano como hago yo.

—Los maestros elementales dijeron que dentro de diez años los humanos se interesarían más por el trabajo con los elementales –interpuse–. ¿Serán los elementales de tu casta lo suficientemente fuertes para trabajar con los humanos para entonces?

—Los más antiguos, los que empezaron al mismo tiempo que yo, podrían hacerlo ahora mismo –replicó, acariciándose el mentón reflexivamente–. Si ayudamos a los nuevos a construirse un ego más sólido, estarán preparados dentro de diez años. Deberíamos hablar sobre cómo puede ser la cooperación entre humanos y elementales para ayudar al planeta.

—Soy toda oídos –dije, imaginando que me habían crecido unas gigantescas orejas de elfina.

Mirándome, se disolvió de risa.

—¿Sabes que realmente te crecen las orejas en el plano etérico cuando las visualizas? –preguntó, sabiendo perfectamente que no había pensado en ello.

Instintivamente me llevé las manos a las orejas para comprobar su tamaño.

—No crecen en la realidad física, sólo en la etérica –dijo mi amigo leprechaun, haciendo un gesto con la cabeza ante mi ignorancia–. Los humanos no tienen ni idea de que cada pensamiento que tienen queda registrado en los éteres. Cuanto más fuerte es el pensamiento, más intenso es el registro –dijo, enseñándome las reglas básicas–. Si los humanos imaginaran agua limpia y bosques saludables, y convocaran a los elementales de su lugar para ayudarlos, este planeta podría recuperar la salud en muy poco tiempo.

—Esa es una idea maravillosa –pensé–. Sin embargo, ¿cómo puede ocurrir eso si la gente continúa aniquilando a los animales y talando los antiguos bosques?

—Tienes razón, por supuesto –respondió el leprechaun–. Ambos cambios deben producirse simultáneamente.

—Por eso estoy tan desesperanzada –dije con desaliento–. ¿Cómo puede una persona meditando y hablando con los elementales negar los efectos de miles de personas dedicadas a saquear la tierra y los océanos?

—Un individuo que trabaje con la voluntad divina afecta a miles de personas que no lo hacen. Como tú misma dijiste a los maestros, los humanos están cambiando. Debemos visualizar en qué se están convirtiendo, y no caer en la vieja imagen de lo que han sido.

Me divirtió su defensa de los humanos y pregunté con seriedad:

—¿Tienes alguna idea de cómo los humanos podríamos trabajar más eficazmente con los elementales?

—Tengo muchas ideas –replicó; era evidente que quería que se lo preguntara–. He escrito algo para la ocasión; es lo que yo llamo:

Diez modos de trabajar con los elementales
(para los humanos):

1. Cree en los elementales. La creencia humana fortalece a los elementales y les da energía.

2. Muéstrate feliz y entusiasta. Los elementales no se sienten atraídos por los seres humanos tristes y deprimidos.
3. Ve a lugares saludables de la naturaleza con tanta frecuencia como puedas. Camina por los bosques, por las playas, túmbate en los prados, escucha a los pájaros, siéntate junto a un arroyo... Entra en la vibración de la Tierra y escucha sus necesidades. Haciendo estas cosas, los humanos purificarán sus vibraciones.
4. Aprecia la belleza natural. Cuando los humanos aprecian la belleza, los elementales se sienten atraídos hacia ellos.
5. Coopera y crea con la naturaleza plantando árboles, cultivando flores y alimentando a los pájaros.
6. Envía energía a los elementales que cuidan de los árboles, las flores, el agua y las montañas para mantenerlos sanos. Hazlo con alegría y gratitud.
7. Enseña a otros humanos a apreciar la naturaleza. Hazlo con amor y alegría, y esos humanos empezarán a entender las necesidades de la Tierra.
8. Haz las cosas espontáneamente; libérate del exceso de planificación y organización.
9. Dedica tiempo cada día a no hacer nada. Crea un espacio tanto en tu casa como en tu mente donde pueda ocurrir la magia.
10. Para contactar con un elemental que quiera trabajar contigo de manera continuada, siéntate en un lugar tranquilo de la naturaleza, cierra los ojos, y llámale a ti. Nota qué tipo de elemental se presenta. Pregúntale cuál es su don y cómo se llama. Escucha a ese elemental de manera continuada; sigue sus sugerencias y vuestra relación se fortalecerá.

—Son maravillosas –dije, felicitándolo–. Pero tus sugerencias se enfocan en lo que podemos hacer los humanos. Veamos si yo puedo pensar en algunas recomendaciones para los elementales. Estuve pensando varios minutos y después continué:

—Las llamaré:

Diez modos de trabajar con los seres humanos
(para los elementales):

1. No prejuzgues a todos los humanos pensando que son malos, y examina a cada uno de ellos para encontrar lo bueno que hay en él.
2. Cuando encuentres la chispa de bondad, aliméntala con tu energía para vivificarla.
3. Cuando un ser humano preste atención a una planta, un árbol o una piedra, dile qué necesitan la planta, el árbol o la tierra para estar más sanos. Aunque el humano no reciba el mensaje conscientemente, lo recibirá subconscientemente.
4. Cuando veas a un humano que está tratando de ayudar a la naturaleza, únete a él y ofrécele todo el auxilio que puedas. Frecuentemente los humanos no piensan en pediros las cosas directamente, pero nuestro yo superior es capaz de hacerlo.
5. Juega con los humanos para que ellos puedan redescubrir su alegría y su asombro infantil. Muchos humanos se sienten deprimidos y necesitan la alegría que aportan los elementales.
6. Dales pruebas de tu existencia. Si haces eso los humanos tenderán a creer en los elementales.

7. Aprecia los puntos fuertes de los humanos: el perdón, el amor, la persistencia y el enfoque. Asociándose con los humanos, los elementales aprenderán estas cualidades.
8. A los elementales del cuerpo: no os rindáis. Seguid llevando a vuestros anfitriones humanos a situaciones que catalicen cambios positivos.
9. No juzguéis a los humanos siguiendo criterios elementales. Actualmente, los humanos comen seres que viven, que excretan desperdicios y que envejecen. Recorriendo este camino aprendemos a ser creadores de formas y mundos.
10. Sorprendednos.

—Realmente bien –dijo el leprechaun–. Creo que hemos tenido un comienzo del día excelente. Te veré mañana, y prepárate para recibir a un invitado.
—¿Quién será el «invitado»? –quedé preguntándome cuando desapareció.

Capítulo 20
Un ser del centro de la Tierra

La mayoría de las noches me sentaba en la cama para hacer mi meditación nocturna a la luz de la vela. En ausencia de los leprechauns y de la señora O'Toole, por la noche descendía un denso silencio sobre la casita. La lámpara del techo del salón no daba luz suficiente para leer, y además no tenía otra cosa para leer que la Biblia. De modo que, frecuentemente, hacia las nueve y media o las diez, me metía en la cama para comenzar mi práctica nocturna.

Llenaba las botellas de agua caliente y las colocaba estratégicamente debajo de las mantas, calentando los puntos donde iba a tener los pies y el trasero. A continuación me quitaba la ropa, me ponía el camisón con el jersey de lana encima y saltaba dentro. En la mesilla, junto a la cama, había una lamparita, y junto a ella la Biblia que mis padres me regalaron cuando hice la confirmación. Contenía preciosas imágenes de Moisés con los Diez Mandamientos en la cumbre del monte Sinaí, de Ruth cuidando a Noemí y de Jesús calmando el mar para los pescadores.

Mi ritual nocturno empezaba con la lectura de algunos pasajes de los Evangelios. Después solía dedicar un rato a mirar la vela para mejorar mi concentración, o hacía una visualización para eliminar las formas-pensamiento negativas. Aunque a veces se interponían pensamientos de mi hogar y de mi antiguo trabajo, las noches estaban principalmente dedicadas a potenciar mi espiritualidad.

Acababa de leer la Biblia y había encendido las velas, cuando noté que alguien me observaba desde la esquina de la habitación. No era mi amigo leprechaun, ni uno de los otros elementales que había conocido. De hecho, ni siquiera estaba segura de que fuera un elemental, pero sí lo estaba de que no era humano.

Sentí que me empezaba a entrar pánico. Tenía miedo de las cosas con las que una puede toparse por la noche, y de las entidades malignas con las que podría tener que batallar aquel verano. Me fortalecí para una confrontación y, estudiándole de cerca, esperé que declarara sus intenciones.

Iba vestido a la antigua, con un simple traje negro. No era particularmente alto, más bien delgado, y estaba sentado con las piernas cruzadas y en posición relajada. Tenía sus manos blancas cruzadas sobre el regazo. Su cabeza, no obstante, era peculiar, de mayor tamaño que la media, redonda y sin pelo, con unos ojos muy pequeños y aparentemente ciegos. Sin embargo, no me cabía duda de que podía verme perfectamente.

No hizo ningún gesto amenazante y mi corazón empezó a calmarse. Tal vez sintiendo eso, él comenzó a hablar:

—No quiero hacerte ningún daño. He venido a enseñarte muchas cosas que no sabes. Tenemos que empezar, de modo que levántate y vístete, vamos a salir.

—Espera un momento –dije. Eran las once y media y estaba cansada–. ¿No podríamos dejarlo para mañana? Y, en cualquier caso, ¿quién eres tú?

—Los nombres no son importantes –replicó, tocando una nota que ya me resultaba familiar–. En cuanto a lo de esperar hasta mañana, me temo que no es posible. Debemos hacer el trabajo esta noche.

Aún no estaba convencida de abandonar la calidez de mi cama para acompañar a ese extraño a la frialdad y oscuridad de la calle, de modo que dudaba.

—Al menos, dime de dónde vienes, aunque no quieras decirme tu nombre –dije con firmeza.

Soltando las manos y estirando sus largos dedos hacia mí, empezó:

—De momento, deja en suspenso tu escepticismo porque te va a costar creer de dónde vengo.

Estaba pidiéndome mucho. Prefería mantener una conciencia crítica y activa para distinguir entre la mentira y la verdad. Proyecté mi pensamiento hacia él.

—La conciencia crítica no es el problema –replicó–. Para aprender, vas a tener que cambiar radicalmente tus creencias respecto a qué es posible y qué no lo es.

Como no quería que me desviara de mi pregunta original, volví a plantearle:

—¿Quién eres tú?

Mirándome con sus ojos ciegos, dijo calmadamente:

—Soy un ser del centro de la Tierra. –Antes de continuar se detuvo un momento para permitir que calara el impacto de sus palabras–. Nosotros somos una antigua raza de este planeta, mucho más antigua que los humanos, y no vivimos en vuestra dimensión. Apenas tenemos contacto con vosotros, pero somos conscientes de todos los cambios que están teniendo lugar en el planeta. Queremos trabajar con los humanos que están tratando de restablecer el equilibrio natural de la Tierra de acuerdo con las leyes espirituales. Tú te dedicas a eso, y por eso estoy aquí.

Aunque su visita era inesperada, no desconocía su raza completamente.

—Hace muchos años, un amigo me prestó un libro sobre tu pueblo –dije–. El título era *Etidorpha*, de John Uri Lloyd, y me sentí profundamente conmovida por él, puesto que lo que leí sonaba cierto, aunque sus conceptos estaban tan alejados de mi realidad que me crearon un gran conflicto interno. A continuación pasó algo extraño. Devolví el ejemplar que me habían prestado y fui a la tienda a comprar uno nuevo. Me dijeron que nunca habían oído hablar del libro y que no podían encontrarlo en ningún catálogo.

Me sonrió sabiamente y dijo:

—El ser que aparece en ese libro y que enseñó a John Uri Lloyd era yo. Yo soy el embajador para los humanos.

—¿Cómo puede ser? –dije–. El libro fue escrito hace más de cien años.

—Como los elementales, nosotros tenemos largas vidas –respondió–. Los humanos tendrían vidas mucho más largas si se sintonizaran con las leyes naturales, como hacemos nosotros y las razas elementales. ¿Estás preparada para venir conmigo? –preguntó, y supe que sólo tenía unos segundos para decidirme.

Su petición me daba mucho miedo. No sólo él me ponía nerviosa; también me preocupaban los elementales que vivían en mi calle y sentían desagrado por los humanos. Desde la niñez había tenido miedo de los seres que venían a por mí en la oscuridad. Mi hipersensibilidad natural parecía agudizarse todavía más de noche, cuando era consciente de la presencia de seres de otras realidades. Para impedir deslizarme dentro de esas realidades o dejar que ellos entraran en mi dimensión, había aprendido a escudarme. Caminar a media noche al aire libre con ese ser extraño disparaba mis mayores miedos. No obstante, también sabía que superar mis miedos era parte esencial de mi trabajo durante ese verano. Debía hacerlo para convertirme en una creadora consciente. Entonces me armé de valor y, dando un salto de fe, salí de la cama y me puse la ropa. Él desapareció mientras me vestía; después me puse el impermeable y la bufanda, y salí al aire frío de la calle. Era medianoche.

Reapareciendo a mi lado, el humanoide empezó a andar conmigo hacia el camino. Continuó hacia a la izquierda y yo le seguí. Cuando me acostumbré a la oscuridad, miré al cielo y me di cuenta de que no era capaz de reconocer ninguna de las hermosas estrellas. Era la primera noche que las veía.

—¿Podrías hablarme un poco más de ti mismo? –pregunté desesperada por obtener información que me permitiera estabilizarme.

—Nuestra raza ha dominado los elementos de un modo muy superior a los humanos –replicó–. Podemos controlar las fuerzas electromagnéticas de la Tierra para movernos en el espacio, en el tiempo y entre dimensiones.

—¿En qué se diferencia vuestro control del de los elementales? –inquirí, preguntándome cuántas versiones del viaje a través del espacio y del tiempo se esperaba que aprendiera en un verano.

—Nosotros somos diferentes de los elementales –replicó– en el sentido de que los de mi raza, como los humanos, somos creadores en formación. Tal como se te ha dicho, los elementales, como raza, apenas están empezando a convertirse en creadores, pero los humanos y mi raza hemos seguido este camino durante millones de años. Mi raza trabaja con la jerarquía que supervisa la evolución de todos los seres del planeta. Esta jerarquía está compuesta por miembros de la raza humana, de la elemental, de mi raza y de otras. Estos miembros de la jerarquía han evolucionado dentro de sus líneas específicas hasta convertirse en creadores lo suficientemente fuertes como para determinar el destino de un planeta como el nuestro. El papel específico de mi raza, los seres que habitamos dentro de la Tierra, es ayudar a esta a desarrollarse como ser consciente.

—¿Y dónde encajamos los humanos en este plan? –pregunté, preocupada por la posibilidad de tener que volver a defender las acciones humanas.

—Cuando los humanos vinieron originalmente al planeta, nuestra raza les enseñó a trabajar con el elemento tierra para crear formas. A medida que la Tierra se solidificaba, nosotros empezamos a retirarnos a su interior para continuar con nuestra evolución. Posteriormente, en la Atlántida, algunos de nosotros les enseñamos las leyes de la polaridad y a trabajar con las corrientes electromagnéticas de la Tierra. Por desgracia, hubo humanos desviados que emplearon estos conocimientos para sus propios propósitos, y la Atlántida, como sabes, fue destruida. Nosotros fuimos testigos de su destrucción, puesto que vemos todo lo que ocurre en la superficie, e incluso avisamos a los atlantes que estaban colaborando con el plan divino para que pudieran escapar a otros lugares. En cualquier caso, esa fue la última vez que ayudamos a vuestra raza.

Absorbida por su historia, me sorprendió darme cuenta de que ya habíamos llegado al final de la calle. Teníamos que elegir entre subir hacia el cementerio o bajar hacia el mar. Tenía la esperanza de que escogiéramos bajar, pero él decidió subir.

—De modo que, si entiendo correctamente, el propósito de tu raza es ayudar a la Tierra misma a convertirse en un ser sensible –dije–. Pero ¿cómo se vincula vuestro propósito con el propósito de los humanos?

—Los humanos están aprendiendo a convertirse en creadores, y necesitan material con el que trabajar. –Se paró a pensar en una imagen con la que pudiera identificarme–. Los humanos sois como niños jugando en la arena y construyendo castillos. La tierra os provee el material en bruto.

—Entonces –dije– ¿viaja tu raza de un sistema solar a otro ayudando a los planetas a hacerse conscientes?

—Sí –dijo él contento–. Eso es exactamente lo que estamos aprendiendo a hacer. Ese es el camino de nuestra evolución como raza. Para nosotros, trabajar con otros seres que evolucionan en la superficie del planeta es secundario. Sólo lo hacemos cuando la jerarquía nos lo pide específicamente.

—Y esa jerarquía –pregunté intrigada– ¿es la que está compuesta por los maestros de los reinos humano y elemental que supervisan la evolución de todos los seres de la Tierra?

—La misma. Nosotros también somos miembros. Ahora –dijo, cambiando de tema– tenemos que empezar con tu instrucción. Lo primero que tienes que aprender es que lo que tú consideras sólido no lo es. La razón por la que he venido de noche es que el velo entre tu realidad y otras realidades es mucho más fino. De noche puedes hacer cosas con las que ni siquiera soñarías durante el día.

Deteniéndose, apuntó al seto situado a un lado del camino y dijo:

—Ese seto no es sólido. Puedes atravesarlo caminando y me gustaría que lo hicieras.

«Esto me suena a Castaneda», pensé, preguntándome si sería capaz de dominar el truco que don Juan parecía tener la intención de enseñar a Carlos. Pensando «no es sólido, no es sólido», avancé y choqué con el seto. Di un paso atrás y busqué otra técnica. Dejé caer los párpados y, desenfocando la vista, empleé mi voluntad combinada con mis poderes de visualización para crear un túnel a través del seto.

Estaba a punto de intentar pasar por el túnel cuando oí:

—¡Detente! No quiero que hagas un túnel. Eso es lo que hacen los magos. Al hacer eso, creas un agujero en otras dimensiones que mata la vida allí. Más bien, debes ver la realidad del seto. Está compuesto principalmente de espacio vacío y sólo unos pocos átomos de materia.

Mientras hablaba, atravesó fácilmente el seto con las manos y volvió a retirarlas. Traté de imaginarme haciendo lo que él acababa de hacer. Sabía que era posible conseguirlo. Mi problema era que no creía que yo pudiera hacerlo. Me toparía con un muro. Volví a pensar en la infancia, cuando traté de volar como Peter Pan y fracasé. Y ese mismo verano había intentado insistentemente encender el fuego del hogar usando mi mente, y había fracasado. Desalentada, me lancé contra el seto y, como era de esperar, no tuve éxito. Mientras me sacaba las espinas del cuerpo y limpiaba el impermeable, miré alrededor buscando a mi compañero.

Con los brazos en jarras, me miró con disgusto y dijo:

—Ese intento ha sido patético.

—Tal vez tenga miedo de perder el control –dije–. Sé que puedo hacerlo en otras realidades –argumenté en mi defensa–. Simplemente no creo que sea posible en esta.

Me comparé mentalmente con los demás humanos y me sentía satisfecha sabiendo que ellos no lo harían mejor. Además, era más densa que mi compañero, de modo que no era ninguna sorpresa que lo que funcionaba para él no funcionara para mí. Extendiendo el brazo delante de mí, dijo:

—Tócame.

Extendí la mano, le toqué y, para mi sorpresa, descubrí que era tan sólido como yo.

—Ahora –dijo él– tócame otra vez.

Lo hice, y mi mano atravesó su brazo. Volviéndome hacia él, esperé una explicación.

—Es muy sencillo –dijo, mirándome con sus ojos ciegos que todo lo veían–. Yo puedo mover mis átomos en cualquier configuración que elija. Si quiero ser más sólido, los muevo hacia el exterior. Para ser más poroso, los disemino por mi cuerpo. Este principio es el que me permite atravesar el seto, y tú puedes hacer lo mismo. Cierra los ojos y visualiza tu cuerpo haciéndose más ligero, más poroso. Visualiza el seto haciendo lo mismo. Ahora imagina que atraviesas el seto de modo que vuestros átomos no se toquen.

Seguí sus instrucciones y visualicé la imagen en mi mente.

—Ahora, atraviesa el seto –ordenó.

Tratando de conservar la imagen, di un paso adelante y una vez más me topé con el seto.

—Parece que no soy capaz de hacerlo –dije exasperada.

—Esta vez lo has hecho mucho mejor. La mayoría de los humanos sólo son conscientes en las primeras tres dimensiones. Podemos considerarlas como un punto fijo, una línea y un cubo. Pero en total hay doce dimensiones. Tu cuerpo etérico, el elemental de tu cuerpo, opera en la cuarta dimensión y ha hecho lo que le has pedido que hiciera. Sin embargo, en tu mente hay una gran resistencia a creer que puedes conseguirlo en tu realidad tridimensional. Aunque te visualices haciéndolo, una parte de tu mente dice que no puedes conseguirlo.

Tenía toda la razón. Era muy consciente de mi diálogo interno, pero no podía pensar en un modo de eliminar mis dudas.

— ¿Crees que puedo hacerlo en dimensiones superiores? –pregunté.

—Sí, por supuesto –replicó–. No en el reino emocional, sino en tus reinos superiores, mental y espiritual, ya está registrado que lo has hecho. Lo que ocurre es que la mayoría de los humanos no son conscientes por encima de la quinta dimensión. Cuando digo «por encima», no es completamente correcto, porque todas las dimensiones existen simultáneamente. Sería más exacto decir que cuanto más elevada es la dimensión, más puras y sutiles resultan sus energías. Tú tienes mucho más acceso a estas vibraciones sutiles que la mayoría, y has empleado tus talentos para escuchar las dimensiones superiores y obtener información para tu libro *Decoding Destiny*. Sin embargo, cuando te involucras personalmente, como en este experimento con el seto, eres incapaz de dejar de lado tus creencias en la realidad tridimensional y pasar a reinos superiores.

Me sentí decepcionada, pero no sabía cómo transferir mi creencia a las dimensiones superiores para superar mi experiencia de la «solidez» del mundo físico.

—Lo dejaremos aquí por ahora, ¿de acuerdo? –sugirió.

Aliviada, accedí, y continuamos caminando hacia el cementerio. Me sentía cansada; sólo quería volver a la calidez de mi cama.

Habíamos llegado casi al cementerio cuando nos detuvimos.

—Creo que hemos hecho suficiente por hoy –dijo él–. Podemos continuar mañana si estás dispuesta a volver a salir.

Yo afirmé con la cabeza; nos dimos la vuelta, y, en silencio, comenzamos la larga caminata de vuelta a la casita. Entré en un tiempo sin tiempo, en el que una hora se siente como un minuto. Él se detuvo en la entrada de mi puerta.

—Mañana vendré a buscarte a medianoche –dijo, y desapareció.

Aturdida, caminé por el sendero hasta la casita. Al encender la luz vi que eran las tres y media. Rápidamente me quité la ropa y me metí en la cama. Las botellas de agua caliente aún estaban tibias. Abrazándome a ellas, caí dormida, profundamente dormida.

Capítulo 21
La vuelta del embajador

Desperté. Había estado soñando que deambulaba de noche por la calle con un ser del centro de la Tierra. «Un momento –pensé–, esto ha ocurrido realmente». Miré mis manos arañadas y recordé el seto. Entonces, recordando mi promesa de volver a encontrarme con aquel ser a medianoche, me eché la manta por encima e intenté dormir. Oí inmediatamente la voz del leprechaun:

—No, no hagas eso –dijo él frustrado–. Quiero que me lo cuentes todo sobre tu visitante.

—¿Cuándo voy a tener un poco de paz? –protesté–. Tú de día y ahora él de noche. Así, ¿cómo me voy a iluminar?

Pensando en lo divertido de la situación, empecé a reírme, y mi amigo leprechaun se unió a mí rápidamente. Todavía riéndome, salí de la cama y me dirigí al baño, pidiendo mentalmente al leprechaun que esperara hasta mi vuelta. Me preguntaba si todo el mundo tenía que pasar por aquello para poder iluminarse. Si era así, simpatizaba con todos los pobres humanos que, sin saber nada de eso, estaban esperando inocentemente su experiencia de iluminación. Cuando acabé, volví al dormitorio, tomé una manta de la cama y la lancé sobre el sofá. Me acomodé bajo su pesada calidez lanosa, y mi amigo leprechaun pronto reapareció bajo la manta conmigo.

—Entonces —exclamó excitado— cuéntamelo todo.

—¿Cómo sabes que hay algo que contar? —le provoqué—. Tal vez tuve una noche tranquila, leí la Biblia y me retiré temprano.

—Sí, y yo estoy pensando en hacerme cristiano —respondió rápidamente, devolviéndome la broma.

—En serio —dije, todavía sonriendo—, ¿cómo sabes que tuve un visitante la noche pasada?

Él dudó, sonrojándose, y dijo:

—Oh, oí una conversación por casualidad.

—Entre... —apunté.

—Entre el embajador y uno de mis maestros —replicó el fisgón... Le costaba mirarme a los ojos. Sentí curiosidad e inquirí:

—¿Es el embajador para los humanos el mismo que para los elementales?

—No, nosotros tenemos el nuestro —dijo.

—¿Por qué querría el embajador de los elementales hablar con un maestro elemental sobre que el embajador de los humanos visitó a una humana, a menos que —hice una pausa para crear suspense— ellos quisieran que tú escucharas furtivamente su conversación?

Me sentí encantada con el ardid y lo fácilmente que el leprechaun había caído en la trampa. Echando la manta a un lado y sentándose erguido, se sonrojó.

—¿Por qué querrían hacer eso? —preguntó.

—Para que —respondí, esperando que mi deducción fuera correcta— tú me hablaras sobre los seres que habitan en el centro de la Tierra.

—Ummm –dijo él, acariciándose el mentón y sonriendo amablemente ante la broma–. Tal vez tengas razón... Entonces, ¿por qué no hacer lo que dices y ayudarlos?

Tras detenerse para unificar sus pensamientos, comenzó:
—Hay embajadores del centro de la Tierra asignados a todas las razas que evolucionan en el planeta. El embajador de los elementales ha estado trabajando con nosotros desde antes de que existiera el tiempo. A diferencia de los humanos, los elementales siempre hemos conocido a los seres del centro de la Tierra. En general, ellos no se comunican con nosotros, pero hablan con nuestros maestros y también con los elementales que trabajan directamente con el elemental de la tierra, como los gnomos y los enanos. Desde que se formó nuestra casta, el embajador ha hablado muchas veces con nosotros.

—¿Qué te está enseñando? –pregunté, ansiosa por oír las diferencias entre mi instrucción y la suya.

—Nos está enseñando cómo mantener la gravedad y la polaridad de la Tierra. Los elementales debemos estar entrenados para hacer este trabajo cuando su raza abandone el planeta. Incluso nos llevó al centro de la Tierra para ver lo que hace su gente. El embajador también nos está enseñando a mover los átomos de nuestros cuerpos para poder hacernos más densos o más ligeros. Eso me resulta difícil. –El leprechaun se encogió de hombros con frustración.

—Pero yo te vi traspasar el mantel con la mano, por no mencionar que atraviesas las paredes. ¿No mueves tus átomos para hacer eso? –le pregunté incrédula.

—No –replicó mi amigo–. Eso me resulta fácil porque los elementales vivimos en la cuarta dimensión. Es nuestro equivalente de vuestra tercera dimensión. Ahora bien, si quisiera ser sólido y que los humanos me vieran tan sólido como ellos, en la tercera dimensión, no podría hacerlo. Si pudiera mover mis átomos como dice el embajador, podría parecer tan sólido como tú.

Simpaticé con él y me alegró comprobar que no era la única que tenía dificultades con ese ejercicio. Girándose hacia mí, preguntó:

—¿Qué aprendiste anoche?

—Él trató de enseñarme el mismo ejercicio que tu embajador te está enseñando a ti. No tuve éxito –respondí melancólicamente–. Debe de ser importante que nuestras dos razas lo aprendan.

—Si podemos controlar el movimiento de nuestros átomos, podremos viajar a muchas más dimensiones sin afectar a las vidas que hay allí –respondió mi amigo leprechaun con entusiasmo–. Tus átomos y los míos se están mezclando cada vez que nos encontramos, y eso nos cambia a los dos. Cuando hablamos y pensamos el uno en el otro, nuestros átomos se mueven conjuntamente. En la actualidad ninguno de los dos puede controlarlo, y debemos aprender a hacerlo si queremos viajar a otras dimensiones sin chocar con los átomos de los seres allí presentes.

—¿A cuántas dimensiones y mundos viajas ahora mismo? –pregunté intrigada.

—Soy consciente en tres –replicó–: los mundos elemental, humano y mineral. También estoy aprendiendo a ser consciente en el mundo del ser procedente del centro de la Tierra.

Escuchándole, pensé en los mundos en los que soy consciente y dije:

—Creo que soy consciente en los mundos humano, angélico y elemental, y estoy aprendiendo a ser consciente en el mundo de los maestros.

—Has dejado fuera el mundo del elemental del cuerpo. Allí también eres consciente –me recordó.

—He oído decir que hay doce dimensiones. ¿Concuerda eso con tu información? –pregunté, ansiosa por confirmar mis fuentes.

—Eso es lo que me han dicho a mí también –replicó el leprechaun–. El ser del centro de la Tierra podría enseñarte a controlar la gravedad y la polaridad. ¿Sabías que pueden crear cualquier tipo de cristal que deseen?

De repente, me sentí abrumada por la cantidad de cosas que se me pedía aprender y rogué:

—¿Podríamos tomarnos el día libre? Creo que me gustaría estar descansada cuando vuelva esta noche.

—Por supuesto –replicó, saltando a mis pies–. Te veré mañana.

Con esas palabras desapareció, dejándome sola para el resto del día.

Mantenerme despierta hasta medianoche fue una agonía. Me retiré a la cama tarde, y me senté a leer la Biblia con la ropa puesta. Cada media hora bostezaba y miraba el reloj. Debí de caer dormida porque desperté justo después de medianoche y le encontré sentado en la silla que había ocupado la velada anterior. Observándome, esperó con paciencia a que estuviera plenamente despierta.

—Lo siento –dije, obligándome a despertar y añadiendo a modo de explicación–: Nunca he sido un ave nocturna.

—Al contrario, estás increíblemente activa por la noche. Simplemente no lo recuerdas –me corrigió con delicadeza.

—Recuerdo muchos de mis sueños, si es a eso a lo que te refieres –repliqué.

—Sólo recuerdas lo que está haciendo tu cuerpo tumbado en la cama –indicó aquel ser–. No recuerdas dónde va tu conciencia ni lo que hace.

—Estoy confundida –dije–. ¿Es mi elemental del cuerpo el que se queda en la cama y cuida de mi cuerpo, y mi conciencia superior la que se va?

—Eso es exactamente lo que ocurre –dijo el embajador–. El elemental de tu cuerpo usa ese tiempo para integrar tus recuerdos del día, y a menudo vuelve a pasar las imágenes para que las digieras y pienses en ellas antes de que queden almacenadas. Entretanto, tu conciencia superior viaja a otros reinos. Nos hemos encontrado otras veces durante tus viajes nocturnos, pero no lo recuerdas.

—Mis disculpas. Se me va de la cabeza –le sonreí con encanto.

—Está bien –replicó, inclinando la cabeza en gesto de reconocimiento antes de continuar–. Una de las razones por las que duermes tantas horas por la noche es que tienes una vibrante conciencia nocturna. Ella se siente frustrada por la pequeña cantidad de sí misma que consigue emplear en tu yo diurno, en tu personalidad, como la llamáis los humanos.

—¿Estoy haciendo algo mal? –pregunté, ansiosa por enmendar mis hábitos poco productivos.

—Parcialmente, en el sentido de que tus talentos están subutilizados –replicó, mirándome con sus ojos en blanco–. Pero eso sólo es una parte de la razón. El resto es que por la noche trabajas con todos los reinos y tratas de llevar partes de unos a otros. Eres una mensajera entre los mundos. Y no te limitas a aprender, sino que también enseñas.

—Entonces, no es ninguna sorpresa que a veces me levante agotada –dije, con fingida seriedad–. ¿De modo que he estado visitándote y visitando a tu raza en el centro de la Tierra? –pregunté, anticipando la respuesta.

—Muchas veces –replicó–. Esa es una de las razones por las que te interesan tanto los cristales. Nosotros te hemos enseñado los talentos de cada cristal y cómo programarlos para trabajar con los humanos. Por eso pudiste acceder fácilmente a esa información para tu libro.

—¿Si hemos estado trabajando tan bien juntos en mi conciencia onírica, por qué has decidido presentarte en mi conciencia de vigilia? –pregunté confusa.

—Has alcanzado una etapa de tu evolución –comentó– en la que ya no puedes dividirte para trabajar con distintos mundos y dimensiones. Esta es la razón por la que tu amigo leprechaun, tu elemental del cuerpo y yo estamos aquí. Tu yo del día y tu yo de la noche se están fundiendo.

—Parece que todo el mundo sabe más sobre mí que yo misma –dije un poco ofendida.

—Eso se debe a la brecha –replicó–. Los elementales no duermen, y nuestra raza tampoco. No tenemos la misma brecha que los humanos.

—Fascinante –respondí, sorprendida–. Pero ¿por qué estamos divididos los humanos?

—Los humanos lo llamáis la caída de la gracia, porque empezasteis a usar el libre albedrío para elegir vuestros destinos por vosotros mismos –continuó el embajador–. De día fortalecéis vuestras personalidades, y de noche trabajáis con vuestro yo divino. Cuanto más fuertes son vuestras personalidades, más podéis dar a vuestro yo divino. Así es como evolucionan los seres humanos para hacerse creadores.

—Vosotros también sois creadores –dije, recordándole lo que me había contado el día anterior–. ¿En qué difiere vuestra evolución de la humana?

—Mi raza aprendió a trabajar con las polaridades y la gravedad cuando la Tierra comenzó a manifestarse. Entonces era mucho menos sólida y más gaseosa que hoy. Este trabajo nos ha permitido desarrollar nuestros talentos y conocimiento, y mediante el contacto con otras razas hemos desarrollado la sabiduría y la flexibilidad de pensamiento. Nos hemos convertido en creadores no alejándonos del plan divino, sino llevando más de su esencia a la manifestación. Vuestra raza está desarrollando una conciencia completamente diferente.

Yo estaba digiriendo sus palabras cuando se puso de pie y dijo:

—Me voy a ir. Piensa en todo esto durante la noche para que la información pueda unificar tus dos partes.

Y justo en el momento en que respiraba aliviada ante la perspectiva de una noche tranquila, él continuó:

—No volveré mañana, pero tengo un encargo para ti. Quiero que vayas a medianoche al cementerio, al viejo cementerio irlandés. Después, sigue andando por el camino hasta el antiguo dolmen y pasa la noche allí. Este ejercicio te ayudará a superar tus miedos a las cosas con las que te topas por la noche.

Con esas palabras inclinó la cabeza levemente y se fue. No oí que ninguna puerta se abriera o se cerrara, pero supe que se había ido.

«Indultada del infierno», pensé; ya me sentía muy ansiosa por la prueba que me esperaba la noche siguiente. Me aterrorizaba el cementerio y todavía me aterrorizaba más pasar la noche entre las cuatro piedras gigantescas que formaban el antiguo dolmen, que probablemente era un lugar de iniciaciones secretas en el antiguo mundo. Mientras me quitaba la ropa y me metía en la cama, mi último pensamiento fue que posiblemente estaría demasiado atemorizada para dormir.

Capítulo 22
La búsqueda de la visión

Durante todo el día siguiente me sentí excitada y ansiosa. Traté de meditar, pero no podía. Fui al pueblo a comprar comida, y eso me distrajo durante una hora. No hace falta añadir que mi amigo leprechaun se hallaba notoriamente ausente.

Durante todo el día sentí que la energía se acumulaba en torno a mí. No me cabía duda de que aquella noche iba a ser muy importante, pero no había nada que me aterrorizara más que pasar la noche sola en el cementerio. A menudo sentía que estaba llevando una existencia como la del doctor Jekyll y mister Hyde. Para la señora O'Toole y la gente del pueblo era una turista que alquilaba la casita de los Davidson, y ciertamente eso era parte de mi realidad. Sin embargo, ¿qué dirían los vecinos si supieran que pasaba las noches deambulando por la calle y visitando cementerios? Evidentemente, no podía contar mis miedos a nadie. Estaba sola.

Tomé una cena ligera y, a medida que se aproximaba la medianoche, me debatía entre ir o no ir. Llovía, hacía frío y fuera todo estaba muy oscuro; mi cama me ofrecía calidez y seguridad. Incluso traté de convencerme de que había imaginado las visitas del embajador, pero, si dudaba de su existencia, también tendría que dudar de la realidad de todo mi verano con el leprechaun, así como de todas mis experiencias desde la niñez. No, había demasiadas pruebas que certificaban la realidad de esos otros mundos.

Asimismo, sabía de manera absoluta que esa búsqueda de la visión nocturna estaba conectada con mi deseo de iluminación. Realmente no tenía elección; debía afrontar mis miedos.

Poco antes de medianoche me abrigué tanto como pude, poniéndome un impermeable resistente al agua y una bufanda. Abrí la puerta y eché a andar. No había dejado de llover y la noche estaba oscura como boca de lobo; no podía ver las estrellas ni la luna. A los pocos minutos tenía las gafas tan mojadas que apenas distinguía adónde iba. Prácticamente ciega, avancé por la calle tratando de no caer en las zanjas inundadas. Iba metiendo los zapatos en un charco tras otro por la calle llena de baches, y tenía los pies empapados.

Traté de ignorar mi comodidad corporal y mi conciencia repasó la calle en busca de goblins que pudieran estar por allí esperándome. Sentí su presencia y me preparé para un ataque. Me sentía tan vulnerable que habría sido el momento ideal para atacarme. Soportando la lluvia, continué adelante, hollando los senderos por los que tan frecuentemente había caminado durante el día. Cada paso, frío y empapado, me acercaba más al cementerio, hasta que finalmente llegué a mi destino. Cuando estaba delante de la puerta, visualicé un escudo protector a mi alrededor, tiré de ella y entré.

Inmediatamente me confrontó una miríada de fantasmas, los muertos infelices. Por primera vez desde que salí de la casita oí una voz interna.

—Siéntate en la tumba del medio –dijo.

No reconocí la voz como perteneciente a ninguno de los seres con los que estaba trabajando. No obstante, supe que tenía que obedecerla y, siguiendo sus instrucciones, busqué la lápida correcta y me senté. Los espíritus me siguieron. Algunos lloraban, y otros tenían cuchillos y amenazaban con usarlos contra mí. Mi pánico era total; conteniendo la respiración, reforcé mi escudo protector.

—Baja el escudo –dijo la voz–. Debes amar a esos espíritus y ayudarlos como hiciste con las formas-pensamiento. Ellos están atascados aquí. Creen que están en el infierno o que aún siguen vivos. Debes convencerlos de que están muertos y ayudarlos a ver que los ángeles están esperando para llevarlos a su siguiente hogar.

Pude imaginar que bajaba mi escudo para las mujeres que lloraban y los que se sentían perdidos, pero era muy distinto afrontar a los hombres que trataban de apuñalarme.

—Es esencial que lo hagas, porque de otro modo siempre tendrás miedo –oí que decía la voz.

«Haré del amor mi escudo», decidí, llevando el escudo hacia mi corazón, donde parecía estar seguro. Sabía que podría usar mi cuerpo etérico para defenderme si fuera necesario.

—¡Deteneos! –llamé a los espíritus que me rodeaban–. Debéis escucharme.

Se detuvieron para mirarme, pero pude comprobar que estaban dispersos y descentrados. Uno de los espíritus masculinos amenazantes levantó la mano para atacarme con su cuchillo. Agarrándole de la muñeca, le dije:

—Detente. Estoy aquí para ayudarte.

Se detuvo y pude ver que mi voluntad ayudaba a mantenerle en su lugar. Algunos de los otros no estaban convencidos y se abalanzaron sobre mí. Salieron muchos brazos de mi cuerpo para sujetar las muñecas y brazos etéricos de mis asaltantes. Ahora todos ellos me prestaban atención.

—Estáis todos muertos –dije, yendo directa al grano, porque no sabía por cuánto tiempo podría mantener su atención.

Inmediatamente, las plañideras empezaron a rasgarse sus vestiduras fantasmales. Los hombres trataron de atacarme y matarme. Yo abrí mi corazón, inundándolos de amor, e inmediatamente se calmaron.

—Yo no te creo –me dijo el cabecilla.

—Mirad a vuestro alrededor –los invité a todos–. Estáis en un cementerio y, si os fijáis, algunos de vosotros encontraréis vuestros nombres en las tumbas.

Por un momento hubo mucho ajetreo mientras los espíritus se dispersaban por el cementerio para buscar sus nombres.

—Aquí está el mío –oí hacia la derecha.

—He encontrado el mío –lloró una mujer a mi izquierda.

No todos los espíritus estaban convencidos. Mentalmente envíe una petición de socorro a los ángeles que ayudan a las almas perdidas. Llegaron inmediatamente y se pusieron a la puerta del cementerio.

—¿Veis a los ángeles? –pregunté a los espíritus. La mayoría de ellos afirmó con la cabeza y yo continué–: Ellos cuidarán de vosotros. Id con ellos y os ayudarán a reuniros con vuestros seres queridos.

La mayoría de los espíritus se pusieron en marcha, e inmediatamente abrazados por los ángeles, desaparecieron. No obstante, unos pocos espíritus recalcitrantes se quedaron atrás, negándose a irse.

—Ya no puedes hacer nada más aquí –oí que decía la voz–. Ven.

Me puse de pie y me dirigí a la puerta. Me volví y vi a los pocos espíritus restantes observándome. Aún se aferraban a su ira y su furia; eran incapaces de irse de la Tierra. Cerré la puerta, giré hacia la izquierda y continué por el camino que llevaba hasta el dolmen.

Empapada y casi sin ver, seguí avanzando. Me sentí orgullosa de mí misma por haberme enfrentado con los espíritus del cementerio, y agradecida por haber podido ayudarlos. «Muy a menudo –pensé– nos quedamos atrapados en nuestros propios miedos y perdemos de vista lo que podemos hacer para ayudar a otros.» Aún pensaba en eso cuando llegué al cruce de caminos. Al dolmen se llegaba subiendo por un empinado sendero a la izquierda.

Giré a la izquierda y al empezar a caminar, inmediatamente me resbalé y caí. Con las manos y las rodillas en el suelo, y totalmente empapada, me di cuenta de que lo que antes era un camino se había convertido en un pequeño arroyo. Me puse en pie y empezaba a avanzar de nuevo cuando oí:

—Túmbate mirando al suelo en muestra de humildad.

Era la misma voz del cementerio y no admitía discusión. Me tumbé mirando al suelo en el arroyo fangoso y dejé que el agua lavara mi cuello y mi pecho. Vino a mi mente una imagen de Jesús llevando su cruz al Gólgota. Aquella noche me estaba ocurriendo una experiencia paralela. Había pedido un viaje iniciático y me lo estaban dando. Ese pensamiento perverso me animó. Me puse en pie, me limpié las gafas en la hierba y continué ascendiendo. Caminando, tropezando y a veces gateando sobre las manos y las rodillas, por fin llegué al dolmen.

Como la mayoría de sus hermanos en esa parte del país, el dolmen tenía al menos cinco mil años. Estaba compuesto por cuatro piedras, tres de ellas puestas de lado formando las paredes del edificio. La cuarta, que era más grande, estaba en horizontal sobre las otras tres y formaba el techo. La estructura se parecía a una pequeña cueva o a un ataúd.

El dolmen estaba rodeado por alambre de espino. Originalmente, la valla de alambre debía de tener la intención de mantener lejos a las ovejas, pero ya no estaba intacta.

—Rásgate el dedo en el alambre y sangra —escuché que decía la voz.

Tenía las manos sucias y el alambre estaba oxidado. Me pregunté si estaría exponiéndome a una infección grave. En cualquier caso, una ofrenda de sangre parecía apropiada. Antiguamente, cuando los dólmenes se usaban para las iniciaciones, debían de haber realizado rituales similares. Además, me recordé a mí misma que a Jesús le habían clavado en la cabeza una corona de espinas. Empujé el dedo índice contra uno de los pinchos. No ocurrió nada. La punta estaba desgastada por la oxidación y tuve que presionar más fuerte. Sintiéndome ligeramente enferma, volví a intentarlo y, para asegurarme el éxito pasé el dedo a lo largo del alambre. Sólo me hice un arañazo profundo, no una herida abierta, y esperé que eso fuera suficiente.

—Tócate todos los chacras con el dedo —oí.

Me apresuré a hacerlo. Empezando por la base de la columna, me toqué el chacra raíz y después pasé al chacra sexual, al plexo solar, al centro corazón, al centro garganta, al tercer ojo y acabé con el chacra coronario en la cima de la cabeza. Mientras lo hacía, visualicé que abría cada uno de esos centros de energía espiritual para poder servir a todos los seres sensibles del planeta. Cuando acabé, sentí que tenía que ir al dolmen. Esa vez no percibí ninguna voz, pero sentí un fuerte tirón en esa dirección.

Agachándome, entré en el dolmen-ataúd y me senté entre las paredes de piedra. Sentí el olor de las ovejas que se habían refugiado allí de la lluvia y traté de no pensar en sobre qué estaría sentada. Me quité las gafas y me puse a meditar. Apareció un guardián de otro tiempo; iba vestido con ropa de lana basta y parecía tan sucio como yo. Aceptó mi presencia y me di cuenta

Capítulo 23
La llegada de los motoristas

Alguien llamó a la puerta, sacándome de un profundo sueño. Esforzándome por recuperar la conciencia, miré el reloj y descubrí que eran las diez y media. Volvieron a llamar. Cogí la manta de la cama, me envolví con ella y caminé hasta la puerta. En la entrada había un joven alto, vestido de cuero negro de la cabeza a los pies y con un casco de motocicleta debajo del brazo.

—Hola, soy el hijo del dueño, Robert Davidson –dijo él, sonriendo–. Mis amigos y yo venimos de Dublín a pasar unos días, y nos preguntábamos si podríamos acampar en la parte de atrás.

Mientras hablaba, otros dos jóvenes vestidos igual que él entraron en mi campo de visión.

—Podéis acampar –repliqué–, pero ¿no creéis que está un poco húmedo?

Aún seguía lloviznando de la noche anterior.

—No, no nos importa –dijo. Tenía unos veintiun años, la edad en la que ser duro todavía importa.

Justo cuando se daba la vuelta para irse, mi boca se abrió y dijo:

—¿Os gustaría venir a comer a ti y a tus amigos?

—Nos encantaría –contestó Robert, y los otros dos afirmaron con la cabeza.

—¿A la una? –sugerí. En la Irlanda rural se come más fuerte a mediodía y se toma otra comida más ligera por la noche.

—De acuerdo –replicó, y los tres fueron a meter las motocicletas en la parcela.

Era genial tener compañía, pero me preguntaba cómo conseguiría preparar la comida a tiempo. Y no sólo eso, sino que había olvidado que me había dejado las gafas en el dolmen. Ahora no podría volver a por ellas hasta última hora de la tarde. Recé en silencio para que aún estuvieran allí. Sin ellas, sólo podía ver con claridad como a un metro por delante de mí. Podía ponerme las lentillas, pero me resistía sabiendo que debía practicar otra manera de ver.

Arrastré la manta hasta la habitación y descubrí mi ropa mojada de la noche anterior en un montón en el suelo. Le di la vuelta con el pie y comprobé que estaba sucia. Fui al armario y saqué unos tejanos secos y una camisa. De algún modo tendría que arreglármelas un par de días sin mi jersey de lana. Recogí la ropa, la metí en la bañera y la lavé lo mejor que pude. Colgué los tejanos sobre la barra de la toalla y extendí el jersey sobre una toalla. Después llevé el impermeable al salón para que se secara al encender el fuego.

Cuando volví a la cocina, miré la comida que tenía en el frigorífico. Había un pedazo de cordero, algunas patatas, zanahorias y cebollas. Haría un estofado de cordero; eso y un poco de pan irlandés sería suficiente. Acababa de poner el estofado al fuego cuando vi que la señora O'Toole entraba por la puerta. Llegaba justo a tiempo, como siempre.

LA LLEGADA DE LOS MOTORISTAS

—Señora O'Toole –la saludé cálidamente, abriendo la puerta–. Estoy tan contenta de verla... Robert Davidson está aquí con dos amigos y los he invitado a comer. ¿Quiere venir a comer con nosotros?

—Paddy me ha dicho que los ha visto entrar por la calle esta mañana –replicó sin responder a mi pregunta–. De modo que he venido a ver cómo les va.

—Están acampando –respondí, sonriendo mientras ella levantaba la vista al cielo.

—Entonces, ¿vendrá a comer? –insistí. Conocía a la señora desde hacía casi un mes y sólo le había ofrecido chocolate, galletas y té.

—Eso estará muy bien –sonrió encantada–. Más vale que encienda el fuego mientras estoy aquí.

Compañía, un fuego cálido... Lo sentía como una celebración por lo conseguido la noche anterior. Sin embargo, no tenía intención de compartir los detalles de mi increíble experiencia con los invitados. Mientras la señora O'Toole ponía el fuego en marcha, ordené el salón, retiré el libro de las hadas y empecé a poner la mesa.

La señora O'Toole me miró mientras salía por la puerta y dijo:

—Volveré a la una.

«Me pregunto por qué no se queda...», pensé para mí misma. La respuesta vino rápidamente. La señora O'Toole llegó puntualmente a la una vestida con su ropa de domingo. Se quitó un impermeable nuevo y las botas en la puerta, y se puso los zapatos de la iglesia. Los muchachos y yo seguíamos vestidos con nuestra ropa informal, ellos de cuero negro y yo con mis tejanos. Mi jersey de lana, el impermeable y los zapatos humeaban frente al fuego, creando un ambiente cómodo y hogareño.

—Señora O'Toole, qué agradable volver a verla –dijo Robert, levantándose de la silla y extendiendo la mano como saludo. A continuación, Robert le presentó a sus amigos. Ella sonrió feliz, como si fuera la reina del baile. Era genial observarla tan animada. No tenía una vida fácil, y salir a comer era algo especial. Sentía mucho cariño por la señora O'Toole y no quería irme de la casita.

Apartando esa idea de mi mente, pregunté a Robert:

—¿Desde cuándo conoces a la señora O'Toole?

—Desde que tenemos la cabaña. De eso hace... –se paró y se volvió hacia la señora O'Toole– veinte años, ¿no es así?

—Sí, y entonces eras muy pequeño –replicó ella dándole una palmadita traviesa.

Él se sonrojó un poco, pero sonrió con buen humor. Dejando que se entretuvieran, fui a por el estofado.

Los dos amigos de Robert no hablaban mucho, pero, a juzgar por su apetito, disfrutaron de la comida. No esperaba que tuvieran gran cosa en común con una mujer de campo y una turista canadiense. Sin embargo, mantuvimos una charla animada en la que Robert y la señora O'Toole recordaron los cambios ocurridos en el pueblo durante los últimos veinte años.

—¿Recuerda aquel invierno en que tuvimos una tormenta terrible y se nos hundió el techo? –preguntó Robert a la señora O'Toole.

—Aquel fue el peor invierno que hemos tenido en esta parte del país –replicó ella–. Fue un gran problema arreglarlo mientras no paraba de llover.

«El tiempo no ha cambiado», pensé para mí misma. Fue muy agradable escuchar su historia. Nunca había visto a la señora O'Toole tan habladora. A lo largo de la comida habían ido tejiendo historias del pasado y ya habían llegado al presente.

—Ahora tenemos una tienda de artesanía en la ciudad. La abrió Mary, la hermana de Paddy –dijo la señora O'Toole.

LA LLEGADA DE LOS MOTORISTAS

Yo había estado allí. Estaba en una chabola cerca de El Unicornio, y ofrecía principalmente ropa de bebé tejida a mano y cerámica de cocina. Pensé que no reforzaría notablemente el comercio turístico, pero decidí no decirlo.

—Entonces tendremos que visitarla, ¿no os parece, chicos? –replicó Robert. Seguidamente, se levantó de la mesa y, dándome las gracias por la comida, caminó hasta la puerta seguido por sus amigos. La señora O'Toole fue hasta sus botas y se las calzó. Sacó la bufanda del bolsillo, se puso su impermeable y dijo:

—Gracias por la comida. Estaba muy buena. –A continuación se dio la vuelta y se fue.

Entonces oí por encima de mi hombro:

—Siempre me ha gustado Robert. ¿Qué piensas de él?

Mi amigo leprechaun estaba sentado en su lugar habitual, con los pies en el sofá y las manos entrelazadas detrás de la cabeza. Caminé hasta su lado y cuando estaba a punto de sentarme, se puso de pie y dijo:

—No, no, no. No tenemos tiempo para eso; tienes que recuperar tus gafas.

Como siempre, él parecía hallarse plenamente informado de mi vida. Volví a preguntarme una vez más qué hacía cuando no estaba conmigo. Estaba empezando a plantearme esta pregunta cuando repitió:

—Tus gafas.

Mirando por la ventana, vi que no paraba de llover y repliqué:

—Tal vez deje de llover más adelante.

—Ni hablar. Vamos, ponte el impermeable y los zapatos, y en marcha.

—El impermeable y los zapatos aún no se han secado –repliqué, apuntando hacia ellos, que humeaban junto al fuego.

—Entonces no tienes que preocuparte de que se mojen más –indicó el leprechaun impasible.

—En eso tienes razón –dije, metiendo el pie en el zapato empapado–. Supongo que no querrás acompañarme.

Dudando, caminó hasta la ventana y contempló la lluvia.

—Generalmente no salgo con un tiempo tan «inclemente» –dijo él, y noté, por su énfasis, que estaba empleando una palabra nueva–. No obstante, por ti... –añadió, dejando la frase a medias.

—Siempre le estaré agradecida, señor –dije, inclinándome para calzarme el otro zapato.

Al ir a ponerme el impermeable, me di cuenta de que el leprechaun ya estaba vestido para la lluvia. Llevaba un par de botas que le llegaban por encima de las rodillas, un impermeable de pescador que le cubría el resto del cuerpo y había reemplazado su chistera por un gran sombrero de ala ancha.

—Ojalá me consiguieras un atuendo como el tuyo –suspiré, mojando el camino hacia la puerta.

—Una de las pequeñas ventajas de ser un elemental –se rio, siguiéndome bajo la lluvia–. Entonces, ¿te gustó tu noche de iniciación? ¿Estás iluminada? –preguntó al entrar en la calle.

—¿Te parezco diferente? –dije, segura de que él lo habría notado.

—No –dijo, mirándome desde debajo del sombrero.

—No, no creo que me haya iluminado –respondí–. Pienso que si lo hubiera hecho me sentiría diferente. No hubo ningún rayo de luz cegador, y no hice otra cosa que caminar sobre el agua y el barro. No obstante, curiosamente, ya no me importa. En realidad me siento muy orgullosa de mí misma por sentarme en el cementerio y en el dolmen toda la noche, y por ayudar a los espíritus de los muertos. Además, siento que he hecho lo que se esperaba de mí.

—¡Muertos, ajjj! –replicó el leprechaun con repugnancia–. No me pillarás cerca de un cementerio encantado.

Sonriendo, le pregunté:

—¿No tenéis fantasmas los elementales?

—Tenemos elementales que pierden su cuerpo accidentalmente y puedes oírlos llamar o repetir la misma cosa una y otra vez –respondió–. Pero en nuestro mundo los cuerpos no se pudren. Eso es repulsivo. Nuestros cuerpos vuelven al vacío, donde se desmaterializan para que su energía pueda ser reutilizada.

—Estoy de acuerdo contigo –repliqué–. Estoy muy a favor de la cremación. Conviene liberarse del cuerpo para que la persona no se quede por allí tratando de volver a entrar en él.

Mientras hablábamos nos íbamos acercando al cementerio. Me sentía contenta de haber afrontado mis miedos, pero esperaba que no fuera necesario repetir la experiencia. Al leer mis pensamientos, el leprechaun dijo:

—Creo que eres muy valiente. ¿Piensas que los maestros me obligarán a hacer lo mismo en mi noche oscura de iniciación?

—No puedo decirlo –repliqué–. Los humanos necesitan afrontar sus peores miedos antes de iluminarse. Supongo que los elementales seguirán un proceso parecido. ¿Cuál es el peor de tus miedos?

—Mi peor miedo es fracasar, que no pueda convertirme en creador... Haber renunciado a mi vida de alegría y juegos por una vida de deberes y responsabilidad, y que todo sea inútil por haber fracasado –respondió el leprechaun.

Por su tono serio entendí que eso sería un golpe terrible para él. Pensé que yo no tenía de qué preocuparme. Cientos de miles de humanos debían de haberse convertido en creadores conscientes a esas alturas; por eso sabía que llegaría a conseguirlo con el tiempo. Siendo el primero de su especie, mi amigo leprechaun no tenía la misma certeza. En ese momento, decidí redoblar mis esfuerzos por ayudarlos a él y a su raza.

Mientras charlábamos no paraba de llover. Nos estamos aproximando al dolmen o, al menos, adonde vagamente recordaba que podía estar. «Me encantaría encontrar mis gafas», pensé. Al empezar nuestro ascenso, distinguí difusamente a dos personas viniendo hacia mí. Parecían un hombre y una mujer.

—¿Vas al dolmen? –preguntó un hombre con acento norteamericano. «Turistas», pensé. Curiosamente, ya no me consideraba a mí misma como una turista.

—Sí –repliqué, añadiendo impulsivamente–: Creo que me he dejado las gafas allí.

—Oh, las hemos encontrado –dijo la mujer–. Las pusimos encima de la piedra para que no se rompieran.

—Muchas gracias –dije, contenta de que no me preguntaran qué había estado haciendo por allí, y continué colina arriba hasta el dolmen. Encontré mis gafas y, con un gran suspiro de alivio, me las puse... sólo para descubrir que con tanta lluvia apenas mejoraban mi visión. Pensé en caminar sin ellas durante varios días para ver qué le ocurría a mi percepción.

—Buena idea –replicó el leprechaun–. Si no te importa, creo que me voy. Te veré esta noche cuando venga Robert.

Robert no había dicho que iría, pero sabía que no hacía falta preguntar al leprechaun por sus fuentes de información. Cansada, giré y me dirigí hacia la casita. Sin mi amigo, la caminata de vuelta me pareció mucho más larga. Gracias a Dios el fuego seguía ardiendo en el hogar cuando llegué. Añadí más turba, me tumbé en el sofá y caí dormida.

Capítulo 24
Una charla junto al fuego

Era casi de noche cuando desperté. Mirando el reloj comprobé que eran las ocho. Amontoné más turba sobre el fuego y recogí la mesa del comedor. Justo cuando estaba acabando de fregar la vajilla, oí que alguien llamaba a la puerta. Abrí y vi a Robert de pie bajo la lluvia, con aspecto afligido.

—¿Te importa si entro y me seco un poco delante del fuego? –preguntó–. Mis amigos se han ido al *pub* y yo me reuniré con ellos luego.

—En absoluto, por favor, entra –dije, haciéndome a un lado. Aunque fuera seguía lloviendo y el ambiente era deprimente, pensé que estaba buscando una excusa para recordar su antigua vida en la casita. El hecho de que hubiera venido ahora, a menos de una semana de la llegada de los nuevos dueños, lo indicaba.

—¿Te gustaría tomar un té? –pregunté.
—Sí, me encantaría –replicó–, y ¿tienes alguna manzana?
—Un par, ¿las quieres?

—¿Has asado manzanas alguna vez? –preguntó, y supe que estaba recordando una delicia infantil de la que había disfrutado en esa casita.

—No, no lo he hecho, pero me encantaría probarlas –respondí, llevándole las manzanas y observando cómo traspasaba una de ellas con el atizador del fuego y la ponía sobre la turba ardiente.

Vi que sus ojos deambulaban por la habitación, observando los objetos valiosos. Traje el té y me senté. Quería darle la oportunidad de hablar y le pregunté:

—¿Hay algo que quieras llevarte contigo?

—No, mamá y papá vendrán a recogerlo todo –replicó, tratando de soltar su apego por aquellos objetos. En aquel mismo momento llegó el leprechaun y se sentó a mi lado en su lugar habitual.

—Dile a Robert que te vas a quedar en la casita el resto del verano –me dijo.

Le ignoré y pregunté a Robert:

—¿Cómo te gusta el té?

—Con leche y azúcar –contestó.

—Dile a Robert que te vas a quedar en la casita todo el verano –repitió el leprechaun elevando la voz.

—¿Qué tal van las manzanas? –pregunté a Robert, mientras enviaba un mensaje mental a mi amigo leprechaun pidiéndole que dejara de interrumpirme.

—Creo que ya están listas. Aquí está la tuya –dijo Robert, deslizando una manzana humeante en mi plato. El leprechaun se sentó junto a mí. Su cara se iba sonrojando progresivamente; no estaba acostumbrado a la frustración.

—Excelente –dije, tomando un bocado y extendiendo mi plato hacia el leprechaun como ofrenda de paz. Inclinándose hacia abajo, tomo una pieza con los dedos y se sentó a saborearla.

—Esto es muy importante —comenzó de nuevo.
—No puedo decir eso —dije mentalmente al leprechaun—. Pensará que soy la persona más arrogante y egoísta que ha conocido.
—Dile que yo te he dicho que se lo digas —respondió el leprechaun.
—Entonces pensará que estoy loca —pensé hacia el leprechaun y dije en voz alta a Robert—: Esta es la mejor manzana que he probado.
—¡Ahora! —ordenó el leprechaun.

Irritada por su persistencia, pero confiando en que tendría una buena razón para eso, dije renuentemente a Robert:
—Me alegro de que estés sentado, porque hay algo que me gustaría decirte que tal vez te resulte un poco difícil de creer.

Robert me miró desorientado mientras yo trataba de encontrar las palabras adecuadas.
—Hay un leprechaun sentado a mi lado —empecé.
—¿De verdad? Eso es sorprendente. ¿Vive en esta casa? —interrumpió Robert con entusiasmo.

Iba a ser más fácil de lo que pensaba.
—Sí, él vive aquí con su familia —repliqué.
—¿Qué piensa de mi familia? —preguntó Robert.
—Dile que todos ellos me gustan mucho, y que sentiré no volver a verlos —replicó el leprechaun— y, para que te crea, dile que me gusta mucho su poesía.

Repetí todo lo que el leprechaun me había dicho, y Robert, riéndose, admitió:
—No he escrito mucha poesía últimamente.

Entonces procedió a recitar uno de sus poemas sobre la isla de Achill. Era bueno, tenía un estilo parecido al de Yeats. Definitivamente, Robert tenía un toque de místico. Irlanda se había arraigado en su sangre, y yo no le veía trabajando en una línea aérea como su padre. El leprechaun se había relajado y estaba disfrutando de nuestra noche juntos, pero no me dejaba en paz.

—Ahora dile que tienes la casita para el resto del verano –presionó.

—Robert –dije–, el leprechaun quiere que te diga que voy a quedarme en esta casa el resto del verano.

Se miró los pies y dijo con tristeza:

—Eso es imposible. La casita ha sido vendida a una pareja francesa que ahora está viviendo en una casa perteneciente a Heinrich Boll, el autor alemán. Heinrich Boll llegará en una semana, y ellos tienen que dejar aquella casa y venir a esta. Sólo te quedan cinco días.

Ciertamente no quería irme, pero, teniendo en cuenta todo lo que había tenido que hacer aquel verano, había renunciado a pensar en ello. No obstante, sabía que no tenía elección. El leprechaun me estaba poniendo en una posición muy extraña.

—Me iré a tiempo –dije a Robert para que no se preocupara–. No obstante, si ocurre algo que posibilite que me quede, por favor recuerda que me gustaría hacerlo.

—Por supuesto –replicó Robert–, pero no cambiará nada.

—He vivido con el leprechaun demasiado tiempo como para creer eso –dije, defendiendo a mi amigo–. El tiempo no tiene el mismo significado para él que para nosotros. Él puede ver lo que ocurrirá en el futuro y cómo saldrán las cosas.

Robert se puso de pie para irse:

—Tengo que ponerme en marcha, es hora de ir al *pub* –dijo, y añadió, orientándose hacia el leprechaun–: Dile que me ha gustado vivir aquí.

—Él te ha oído, y te dice que sigas escribiendo poesía –contesté, acompañándole hasta la puerta. Volví al sofá, me senté junto a mi amigo y le pregunté:

—¿Qué va a ocurrir?

—Buen muchacho –respondió con un guiño–. Te veré mañana –dijo, y desapareció.

«Este diablillo...», pensé. Me la estaba devolviendo por negarme a pedirle a Robert la casita. Me pregunté si Robert les contaría a sus amigos y familiares lo del leprechaun, y decidí que probablemente lo haría. Estaba segura de que encontraría respuestas muy variadas.

Volví a sentarme otra vez, y mientras observaba arder la turba, consideré mis opciones si el leprechaun no tenía razón y yo tenía que irme de allí. Ya no tenía el objetivo de iluminarme. Al menos estaba curada de ese deseo. Había sido un verano inolvidable. Siempre podía volar a Chipre o a Grecia y tumbarme al sol. Pero sería aburrido. Sería mucho más interesante quedarme donde estaba y seguir aprendiendo sobre los elementales.

Me retiré a la cama sin haber resuelto nada. Mientras desayunaba a la mañana siguiente, aún no tenía una solución. Al acabar mi pan tostado, oí que alguien llamaba tentativamente a la puerta y reconocí que era Robert. Al abrirle, sonrió y dijo:

—Buenos días.

Estaba bastante pálido. «Habrá bebido demasiado anoche», pensé. Sin mediar palabra, extendió el periódico matinal delante de mi cara. El titular decía: «Heinrich Boll ha muerto». Evidentemente, Robert estaba conmovido y buscaba una explicación.

—Ni el leprechaun ni yo hemos matado a Heinrich Boll –dije sorprendida, tratando de aligerar la situación–. Como te dije anoche, él sabe lo que va a ocurrir antes de que ocurra.

Robert consideró mis palabras y el color retornó a sus mejillas.

—Ahora nos vamos a Dublín –dijo–. Le contaré a papá que te gustaría quedarte aquí el próximo mes.

—Gracias, Robert –repliqué, agradeciéndole que mediara en mi nombre. Tres días después recibí una carta del señor Davidson. Podía quedarme en la casita el mes de agosto.

Epílogo

En los diez años transcurridos desde que pasé el verano en Irlanda, el leprechaun me ha visitado regularmente en Canadá. A diferencia de los humanos, él no tiene limitaciones de tiempo y espacio, y ha venido a verme a Toronto, a Nueva Escocia, y finalmente a Vancouver, donde ahora resido. Curiosamente, su momento favorito para visitarme es el desayuno matinal con té y tostadas. A veces, sumida en mi trabajo diario, no lo veo durante días o incluso semanas, pero, cuando lo llamo mentalmente, casi siempre viene.

No siempre nos encontramos en mi casa. Le encanta acompañarme en mis paseos por el bosque, y prefiere los árboles y la sombra a las playas abiertas; con el tiempo, mis preferencias han cambiado hasta encajar con las suyas. Desde que le conocí he descubierto que necesito pasar más tiempo sola y en entornos naturales. Procuro no trabajar en verano, y trato de ir a casitas donde, en lugar de dormir en una cama, puedo dormir bajo las estrellas y soñar los sueños importantes.

Han pasado muchas cosas desde que volví de Irlanda. Al final de aquel verano llegué a Canadá tan vacía que ya no tenía ningún objetivo en absoluto, ni siquiera la iluminación. Poco después de mi retorno, mientras visitaba a un amigo budista tibetano, Zasep Tulku Rinpoche, le mencioné mi ausencia de objetivos.

—Eso es estupendo –replicó, radiante.

Evidentemente, eso se consideraba un progreso en el camino hacia la iluminación, pero en aquel momento simplemente me sentía vacía. El comentario de Rinpoche, junto con mis pruebas solitarias en Irlanda, me abrumaron un poco y me puse a llorar. Entre lágrimas respondí:

—Pero ya no hay nada que quiera hacer; incluso he renunciado al objetivo de iluminarme.

Rinpoche me miró con profunda preocupación y escuché su pensamiento. Se preguntaba si estaba renunciando al deseo de vivir, una especie de suicidio pasivo. Aquello me pareció tan divertido que me puse a reír y rápidamente le tranquilicé diciendo:

—No se preocupe, no me voy a matar, pero no sé qué hacer.

—¿Por qué no haces algo pequeño que te resulte atractivo? –dijo él, y añadió–: No busques algo grande.

En mi mente vi todos los países y los enclaves sagrados del mundo que me encantaba visitar, y en ese momento decidí invitar a gente a acompañarme. El primer país que visitamos fue Irlanda, por supuesto. Desde entonces he vuelto varias veces, y casi siempre me acompaña mi amigo leprechaun. Cada año me informa de su preferencia por el país que debo visitar, y me ha presentado elementales de todo el mundo.

A lo largo de los últimos diez años he llegado a darme cuenta de que estos viajes son importantes para las personas que me acompañan, pero también ayudan a abrir los centros energéticos de la Tierra, tanto para curarla como para devolver al mundo la antigua sabiduría. Hago esto en bien de los humanos y de los

EPÍLOGO

elementales. A lo largo de los años también he constatado entre la gente un creciente deseo de aprender sobre los elementales. Esto parece ir de la mano con una mayor preocupación por nuestro entorno y con el interés por otras formas de vida.

Los viajes, las terapias y la consultoría de organizaciones me han mantenido tan ocupada a lo largo de estos diez años que había olvidado mi promesa de escribir un libro. Mi amigo elemental no la olvidó, y en verano de 1995, una década después de mi estancia en Irlanda, me recordó que era el momento.

Recordando mi promesa, me fui de retiro; mi amigo me aseguró muchas veces que no tendría que hacer ningún esfuerzo. Escribir sobre el primer mes que pasamos juntos fue notablemente fácil, y mi amigo venía cada día para llevarme de vuelta a nuestra época en Irlanda; eso me permitió recordarlo todo.

En cuanto escribí el último capítulo –«Una charla junto al fuego»–, sentí que el libro se acababa, y no pude continuar escribiendo. El leprechaun se ausentó durante días, después semanas y finalmente meses, mientras yo esperaba pacientemente para saber si íbamos a continuar con la historia.

Un día, mientras preparaba tortitas de arándanos en mi casa de Vancouver, oí una voz detrás de mí:

—Prepara una para mí también, y no te olvides del sirope de arce.

Me di la vuelta y encontré a mi amigo leprechaun sentado a la mesa, esperando su desayuno.

—Es estupendo volver a verte –dije, y mi voz no estaba libre de cierto sarcasmo.

—No me riñas. Es muy desagradable –replicó, frunciendo el ceño, y continuó–: Si supieras por lo que he pasado estos días...

—Quieres decir meses, ¿no? –respondí sin querer pacificarme.

—¿Ha pasado tanto tiempo aquí? –preguntó, mirando por la ventana las hojas otoñales.

—Bueno, supongo que sí –suspiró el leprechaun, y mirándome, continuó–: De modo que más vale que volvamos a lo que estábamos haciendo.

Sabiendo que no saldría ninguna disculpa de sus labios –aún le quedaba por aprender que a las mujeres humanas nos gustan este tipo de cosas–, abandoné mis expectativas y esperé sus noticias.

—Soy toda oídos –repliqué sonriendo, mientras visualizaba que me crecían orejas de elfo.

—Si haces eso demasiadas veces, te quedarás con ellas –se rio divertido–. Supongo que te estás preguntando si vamos a contar la historia del resto del verano –dijo sin preámbulos.

—Sí, ¿y...? –pregunté, sabiendo que la respuesta estaba relacionada con su larga ausencia.

—No –respondió y, antes de que yo pudiera añadir palabra, movió la mano en el aire pidiéndome que pospusiera mi juicio–. Desde la última vez que te vi he estado tratando de conseguir el acuerdo de los demás elementales, pero de momento no quieren que cuentes su parte de la historia.

—Pero ¿por qué? –pregunté.

—Hay un tiempo para cada cosa y, de momento, sólo ha llegado el momento de compartir lo que has escrito hasta ahora. Hace diez años los humanos ni siquiera estaban preparados para oír hablar de los elementales; ahora lo están. Desde entonces se han publicado muchos libros sobre ángeles, y ahora los humanos creen en ellos más que antes. Asimismo, están más dispuestos que hace una década a creer en seres de otros planetas y, gracias a esto, también habrá más humanos dispuestos a creer en los elementales.

EPÍLOGO

—Mayor motivo para decir todo lo que podamos ahora mismo, ¿no crees?

—En absoluto –respondió el leprechaun, sonriendo ante mi intento de hacerle cambiar de opinión–. Mayor motivo para decir únicamente lo justo y no perder nuestra credibilidad. En este asunto debes confiar en nosotros y en nuestro sentido de la oportunidad.

—Pero acabas de decir que has estado tratando de convencer a los otros elementales para seguir adelante.

—Por mi trabajo contigo, y por mis años estudiando a los humanos, me siento más esperanzado con respecto a lo que podemos conseguir que los otros elementales –dijo el leprechaun–. Ellos quieren esperar un momento mejor para que se difunda su parte de la historia.

—No estoy satisfecha con esa decisión –repliqué–. Mira, confío en ti. He pasado el tiempo suficiente contigo para entender que tienes razones para hacer lo que haces, aunque yo no las entienda del todo. Pero –hice una pausa para enfatizar– los humanos no son como los elementales. Si decimos que vamos a contar una historia que abarca todo el verano, los lectores querrán oír lo que ocurrió el segundo mes.

El leprechaun sopesó lo que le dije, y frunció sus pobladas cejas tratando de ponerse en mi situación.

—Este libro se llama *Un verano con los duendes*, no *Un verano con los elementales*, de modo que hemos hecho lo que prometimos –dijo el leprechaun, tratando de llevarme a su terreno.

—Cierto –pensé, pero no estaba plenamente convencida.

El leprechaun, notando mi actitud, se llevó las manos a la cabeza y, moviéndola de lado a lado, exclamó:

—¡Humanos! ¿Qué es lo que hace que los humanos tratéis de cumplir lo prometido aunque hayan cambiado las circunstancias y ya no sea lo correcto? Y no sólo eso –dijo señalándome con el dedo–: los humanos siempre creen que se están perdiendo algo, y que «más es mejor». Además, esto te ayudará a entender que no tienes que hacer todo lo que dices que vas a hacer. Tómatelo como un ejercicio.

Volvió a sentarse en su silla y, notando mi reacción a su alegato, dulcificó la mirada. Y tuvo suerte, porque estaba a punto de decirle que los inconstantes y desleales elementales engañan a los humanos para que hagan lo que ellos quieren y luego no mantienen sus promesas.

Mi amigo leyó mi mente, tomó una respiración profunda y, reconociendo mi punto de vista, dijo:

—Veo que te estamos poniendo en una posición difícil, pero creo que los lectores entenderán nuestras razones. Estamos en un momento crucial de nuestra evolución compartida. –Y añadió con una sonrisa de suficiencia–: Sólo estamos saliendo; todavía no nos hemos casado, de modo que tenemos que seguir cortejándonos mutuamente para demostrar nuestras buenas intenciones.

—Me parece que has sido parte de mi vida más tiempo del que la mayoría de la gente está casada –repliqué, ablandándome ligeramente.

—Y ¿qué pasa si me niego a dejar de escribir? –añadí, lanzándole el guante.

—No te lo recomiendo –replicó con un tono levemente amenazante en la voz–. Recuerda lo que te ocurrió el verano que pasaste por alto nuestras instrucciones.

Cómo podía haberlo olvidado. El leprechaun me había complicado la vida no una vez, sino tres. Me dijo específicamente que no dejara leer nada del libro a otras personas mientras lo escribía. Me había ido de retiro sola a casa de una amiga. Durante el día escribía en el ordenador, y por la noche ella venía a visitarme, a traerme comida y a aliviarme de mi aislamiento. Como era una

EPÍLOGO

mujer curiosa, me dijo que quería leer el manuscrito, y como me cuesta decepcionar a la gente, le dije que sí. Me dirigí a la impresora para imprimir una copia y descubrí que no funcionaba. Nunca antes había tenido problemas con ella y la avería no parecía tener ningún motivo. Me negué a recibir el mensaje y pasé tres días buscando a alguien en la isla que pudiera arreglarla... sin éxito. Cuando volví a Vancouver, la impresora funcionaba perfectamente.

Dos semanas después, llevando conmigo la impresora, tomé tres transbordadores distintos para llegar hasta otra casita y continuar con mi retiro. Las personas que me la alquilaban tenían de visita a su sobrino de doce años, y le dije que estaba escribiendo un libro sobre los leprechauns. Evidentemente él quiso leerlo, y como no había aprendido la lección la primera vez, accedí. Esa vez la impresora se quedó sin tóner; no podía comprarlo en la isla y estuve dos semanas sin impresora.

La tercera y última vez que pasé por alto las indicaciones del leprechaun ocurrió algo particular. Había terminado de escribir el libro hasta donde me permitían, pero decidí seguir escribiendo por mi cuenta sobre el segundo mes. Me fui de retiro a una tercera casa, esa vez más alejada que las otras dos. Pensando ser más astuta que los elementales, en esa ocasión no me llevé la impresora, sólo el ordenador. Al llegar a la casa, lo enchufé y lo puse en marcha. Nada. *Nada.*

Fui encendiendo el ordenador cada día del resto de la semana para ver si los elementales habían cambiado de opinión. No me cabía duda de que eran los responsables de lo que estaba ocurriendo. El ordenador no funcionaba, independientemente de dónde lo enchufara. A la semana me rendí y volví a casa: cuando lo conecté, marchaba perfectamente.

El leprechaun nunca había mencionado estos sucesos anteriormente. El hecho de que me los recordara ahora dejaba claro que podía amargarme la vida si continuaba escribiendo el libro sin su permiso ni el de los demás elementales. Después de haber sobrevivido a los tres intentos de aquel verano, no estaba dispuesta a soportar que me dieran otra lección.

El leprechaun, reviviendo los recuerdos conmigo, pudo ver que aún no estaba satisfecha con su decisión, aunque ya no tratara de desoírla. Intentando un planteamiento diferente, dijo:

—No te enfoques en lo que no estamos haciendo. Dirige tu atención a lo que estamos haciendo, a lo que te estamos dando a ti y a otros en este libro. Hemos cambiado tu vida para mejor, ¿no lo crees así? —me miró con su sonrisa más encantadora.

—¿Quieres decir... aparte del coste del té, las tostadas y los vasos de vino ocasionales que no puedo deducir de mis impuestos? —estaba empezando a perdonarle aunque tuviera un tono gruñón.

—Oh, pero ese es un precio muy pequeño por lo que te hemos dado a ti y a otros, como... —buscó las palabras adecuadas, y tras haberlas encontrado, dijo con entusiasmo—: Ser capaz de encender el fuego con tu mente.

Sonreí pensando en mi última experiencia de encender el fuego con la mente. El año anterior había dirigido mi primer taller abierto al público para ayudar a la gente a encontrarse con sus elementales. Estábamos en el campo y era la noche de Halloween según la tradición celta, cuando se abre el velo entre los mundos para poder establecer contacto. El taller iba muy bien y la gente había compartido sus anteriores experiencias con distintos tipos de elementales. Como yo, algunas personas podían ver a los elementales; otras recibían mensajes y otras sentían su presencia. Muchos de los presentes ya contaban con pruebas de la existencia de los elementales, pero otros todavía no, y todo el mundo tenía ganas de estar más convencido.

EPÍLOGO

Proveerles pruebas era un dilema. Yo podía compartir mis experiencias personales, pero eso podría no ser suficiente para algunos. Por lo tanto, dependía de la cooperación de los elementales para convencer a quienes mantenían una actitud de «muéstrame y te creeré».

La noche era fría, clara y serena. Justo habíamos terminado de cenar cuando mi amigo leprechaun, que codirigía el taller conmigo, me dijo que pidiera a todos que se arroparan bien y salieran afuera. Durante el día habíamos recogido leña para la hoguera, y ahora él nos pidió que nos reuniéramos a su alrededor en un círculo. Me pregunté qué querría que hiciéramos, porque, como siempre, estaba siguiendo sus instrucciones sin saber lo que iba a ocurrir.

Una vez hecho el círculo, anunció:

—Diles que visualicen que encienden el fuego con su mente.

Después de intentar encender el fuego mentalmente durante diez años, yo aún no lo había conseguido en esta realidad tridimensional. Como no estaba segura de mí misma, me sentí reacia a proponer una experiencia que podía acabar en fracaso. Estaba convencida de que si fracasábamos, algunos se negarían a creer, y por eso era mejor no intentarlo.

Él oyó mi pensamiento y, negándose a aceptar un «no» por respuesta, insistió:

—Hazlo.

Tratando de superar mis inmensas dudas, dije al grupo con toda la convicción que pude reunir:

—Mi amigo leprechaun quiere que visualicemos que encendemos esta hoguera con la mente. Llamemos a las salamandras, que son los elementales del fuego, e imaginemos el fuego ardiendo.

No ocurrió nada.

Más visualización, todo el mundo concentrado, pero no ocurrió nada.

Estaba a punto de admitir nuestro fracaso una vez más cuando, a cien metros de distancia, un gran fuego, mucho mayor de lo que hubiera sido el nuestro, se encendió en la oscuridad de la noche. Se oyó un grito general y todo el mundo se puso a celebrar nuestro éxito.

—¿Ves? –dijo el leprechaun–, creasteis el fuego. Cuando manifiestas algo, a veces el universo te da lo que deseas de una manera ligeramente diferente de lo que esperabas.

El leprechaun me observaba mientras yo recordaba la noche de Halloween.

—Bien –admití–, aquella fue una manera dramática de encender un fuego, y la gente quedó muy impresionada.

—Sí –replicó, sonriendo ante su propio ingenio–, a vosotros los humanos os gustan las pruebas. Y, hablando de pruebas, ¿qué te parece lo que nosotros, los elementales, creamos para aquel grupo de mujeres cuando hicisteis la caminata por Inglaterra el año pasado?

El leprechaun se refería a un grupo de dieciocho mujeres que yo había llevado en una caminata de nueve días por los lugares más sagrados de Inglaterra. Era el mes de mayo, y los espinos y campanillas estaban en pleno florecimiento. Los bosques tenían la magia del nuevo verdor primaveral, y los elementales estaban por doquier. No todas podían verlos como yo, pero podían sentir su presencia. No obstante, las mujeres querían pruebas.

A la hora de comer, el grupo preguntó:

—Tanis, ¿podríamos encontrarnos hoy con nuestros elementales?

Era el segundo día y mi amigo leprechaun, que estaba disfrutando muchísimo de la caminata con aquellas mujeres, dijo que sería mejor esperar unos días.

EPÍLOGO

—¿Podéis esperar unos pocos días? –dije al grupo.
—Las campanillas y los bosques están tan hermosos... ¿No podríamos hacerlo ahora? –pidió una mujer. Por la expresión ansiosa de sus rostros pude ver que hablaba en nombre de todas.
Al oír la conversación, el leprechaun me dijo:
—Bueno, probablemente podremos preparar algo. Diles que se mantengan cerca de ti cuando os pongáis a caminar después de comer.
Yo repetí sus instrucciones y las mujeres comieron a toda prisa previendo el regalo que pronto recibirían. Nos pusimos las mochilas y comenzamos a caminar en fila india por el sendero. Todo era muy bello y mágico.

Después de caminar en silencio como una media hora en preparación para ese evento especial, el leprechaun me dijo:
—Quiero que te pares con el grupo a la vuelta de la curva siguiente.

Repetí sus palabras, indicando con mi tono de voz la suerte que teníamos. Caminamos aún más silenciosamente y al doblar la curva entramos en un claro umbrío, sin hierba, sin nin- guna campanilla ni espino a la vista. El leprechaun no podría haber elegido un lugar más triste y deprimente. Mirando las caras decepcionadas de las mujeres del grupo supe que estaban pensando lo mismo. Podría haber llevado el grupo a un lugar más romántico, pero había llegado a confiar en el peculiar sentido del humor de mi amigo y pensé que debía de tener en mente un propósito superior.

—Que todo el mundo se siente en un círculo –dije.
—No –me corrigió el leprechaun–. Sentaos en forma de herradura y mantened la parte alta de la herradura abierta para que los ancianos elementales se dirijan a vosotras desde allí.

Nos reordenamos siguiendo esa nueva forma. El lugar ni siquiera era llano; algunas mujeres estaban en una pendiente tan pronunciada que temí que se cayeran hacia atrás.

«Más vale que el espectáculo sea bueno», pensé, tratando de controlar mi escepticismo. Al levantar la vista pude ver un grupo de todo tipo de elementales situados en la abertura de la herradura, el lugar que acabábamos de dejar libre. Había elfos, hadas, enanos y junto a ellos un leprechaun muy viejo, de barba blanca, vestido con una túnica blanca y con un bastón en la mano.

—Bienvenidas –nos saludó el anciano–. Cada una de vosotras está aquí para conocer a un elemental con el que trabajar para poder manifestar vuestros dones en el mundo. Nosotros estamos comprometiéndonos a trabajar con vosotras, y esperamos el mismo compromiso de vuestra parte. Esto es algo que no se debe hacer a la ligera y, si no podéis comprometeros, no recibiréis un elemental con el que trabajar.

Repetí las palabras del viejo leprechaun y, a medida que hablaba, observé que un elemental se situaba delante de cada humana. Me llenaba de alegría ver que aquel día se estaban forjando muchas relaciones entre los humanos y los elementales. Estos últimos pueden sentir si estamos comprometidos y si queremos trabajar con ellos o no, y, evidentemente, todas las mujeres habían pasado la prueba. Los elementales podían viajar a los distintos lugares del mundo donde vivían ellas, tal como hacía mi leprechaun. El viejo leprechaun continuó:

—Extended vuestra mano izquierda y pondremos sobre ella un regalo que podéis manifestar en el mundo. Sentid el regalo y pasadlo a vuestra mano derecha. Ahora, usando vuestra visión etérica y vuestra voluntad, extended vuestra mano derecha y MANIFESTAD nuestro regalo en el mundo.

Cuando el anciano leprechaun resaltó la palabra «manifestad», ocurrió algo increíble. Era un día completamente calmado, sin nada de brisa y, de repente, oímos un fuerte crujido seguido de un gran estruendo. Al abrir los ojos vimos, sorprendidas, que

EPÍLOGO

una rama del árbol había caído justo sobre la parte abierta de la herradura, donde nos habían dicho que no nos sentáramos. Había caído justo enfrente de los elementales.

—Este –dijo el anciano– es el poder de la manifestación. Piensa en ello y ocurre; así es como manifestaréis vuestros dones en el mundo. –Y añadió, apuntando al terreno donde estábamos sentadas–: No tenéis que estar sobre campanillas y en bosques mágicos para manifestar. Podéis hacerlo en cualquier parte, en cualquier momento, incluso en las ciudades donde vivís. Recordad esto.

Con estas palabras desapareció, y nosotras nos quedamos allí interiorizando los numerosos regalos que nos habían dado. El leprechaun volvió a mi lado y se sentó, encantado de haber orquestado aquella «prueba» para nosotras.

De vuelta en Vancouver, en el salón de mi casa, el leprechaun esperó a que apreciara plenamente toda la diversión y la alegría del tiempo que habíamos compartido a largo de los últimos diez años. De repente, me di cuenta de que nuestra historia no acababa. Para él, el tiempo no tiene principio, parte media y final como lo tiene en la experiencia humana. Recordé que había dicho que en su mundo no tienen libros ni ninguna necesidad de usarlos, porque pueden acceder a cualquier tiempo y lugar cuando lo desean. Y aquí estaba yo tratando de escribir un libro adaptado a los criterios humanos, con un final adecuado. Finalmente, entendí que este libro, que es tanto su historia como la mía, tenía que ser fiel a él y a los elementales. Ellos son narradores de historias que nos ofrecen sus experiencias en formato de libro porque esta es nuestra manera de aprender, no la suya.

Una protesta me retrajo de mis reflexiones:

—¿Qué pasa con las tortitas? –mi amigo miraba la masa que estaba preparando cuando él llegó.

—Creo que cada cosa ocurre en su momento –dije con aceptación, sonriendo al leprechaun mientras me levantaba para preparar las tortitas.

—Por fin estás aprendiendo –respondió–. Y no te olvides del té.

(¿Continuará?)

Apéndice

Diez modos de trabajar con los elementales
(para los humanos)

1. Cree en los elementales. La creencia humana fortalece a los elementales y les da energía.
2. Muéstrate feliz y entusiasta. Los elementales no se sienten atraídos por los seres humanos tristes y deprimidos.
3. Ve a lugares saludables de la naturaleza con tanta frecuencia como puedas. Camina por los bosques, por las playas, túmbate en los prados, escucha los pájaros, siéntate junto a un arroyo... Entra en la vibración de la Tierra y escucha sus necesidades. Haciendo estas cosas, los humanos purifican sus vibraciones.
4. Aprecia la belleza natural. Cuando los humanos aprecian la belleza, los elementales se sienten atraídos hacia ellos.

5. Coopera y crea con la naturaleza plantando árboles, cultivando flores y alimentando a los pájaros.
6. Envía energía a los elementales que cuidan de los árboles, las flores, el agua y las montañas para mantenerlos sanos. Hazlo con alegría y gratitud.
7. Enseña a otros humanos a apreciar la naturaleza. Hazlo con amor y alegría, y esos humanos empezarán a entender las necesidades de la Tierra.
8. Haz las cosas espontáneamente, libérate del exceso de planificación y organización.
9. Dedica tiempo cada día a no hacer nada. Crea un espacio tanto en tu casa como en tu mente donde pueda ocurrir la magia.
10. Para contactar con un elemental que quiera trabajar contigo de manera continuada, siéntate en un lugar tranquilo de la naturaleza, cierra los ojos, y llámale para que venga a ti. Nota qué tipo de elemental se presenta. Pregúntale cuál es su don y cómo se llama. Escucha a ese elemental de manera continuada, sigue sus sugerencias y vuestra relación se fortalecerá.

APÉNDICE

Diez modos de trabajar con los humanos
(para los elementales)

1. No prejuzgues a todos los humanos pensando que son malos, y examina a cada uno de ellos para encontrar lo bueno que hay en él.
2. Cuando encuentres la chispa de bondad, aliméntala con tu energía para vivificarla.
3. Cuando un humano preste atención a una planta, un árbol o una piedra, dile qué necesita ese ser para estar más sano. Aunque el humano no reciba el mensaje conscientemente, lo recibirá subconscientemente.
4. Cuando veas a un humano que está tratando de ayudar a la naturaleza, únete a él y ofrécele todo el auxilio que puedas. Frecuentemente los humanos no piensan en pediros las cosas directamente, pero nuestro yo superior es capaz de hacerlo.
5. Juega con los humanos para que ellos puedan redescubrir su alegría y maravillamiento infantil. Muchos humanos se sienten deprimidos y necesitan la alegría que aportan los elementales.
6. Dales pruebas de tu existencia. Los humanos tienden más a creer en los elementales si haces esto.
7. Aprecia los puntos fuertes de los humanos: el perdón, el amor, la persistencia y el enfoque. Asociándose con los humanos, los elementales aprenderán estas cualidades.
8. A los elementales del cuerpo: no os rindáis. Seguid llevando a vuestros anfitriones humanos a situaciones que catalicen cambios positivos.
9. No juzguéis a los humanos siguiendo criterios elementales. Actualmente, los humanos comen seres que

viven, excretan desperdicios y envejecen. Recorriendo este camino aprenden a ser creadores de formas y mundos.
10. Sorprendednos.

Directrices elementales para manifestar

1. Los humanos, desde el principio de su evolución, han sido entrenados para convertirse en creadores, son dioses en formación.
2. Si los humanos pudieran elevar su vibración y ver las vibraciones más ligeras y la fuerza vital en todos los seres vivos, no dañarían al mundo tal como lo han venido haciendo, matando los arroyos, los árboles y otras formas de vida.
3. Los elementales pueden manifestar lo que quieran porque, a diferencia de los humanos, no dudan de que pueden hacerlo.
4. Los humanos pueden hacer daño a los elementales simplemente con la fuerza de su voluntad, y con lo que hacen y dicen.
5. A medida que los humanos se hacen más conscientes, se aligeran y se vuelven más porosos.
6. Los humanos no se creen muy buenos a la hora de manifestar. Piensan que tienen que trabajar mucho para conseguir comida, un lugar donde vivir y ropa que ponerse.
7. Cree que tienes la capacidad de manifestar, aunque vivas en un reino más denso donde resulta más difícil.
8. Todos los pensamientos respecto a lo que deseas crean una realidad en otras dimensiones. Estos pensamientos podrían ser traídos fácilmente a la realidad tridimensional

si no estuvieras tan ocupado anulándolos al enviar mensajes contradictorios al universo, como por ejemplo: «Me gustaría tal cosa y tal otra, pero no creo que pueda tenerlas porque no tengo suficiente dinero o estudios, o porque otra persona las tiene». Estos mensajes tan contradictorios anulan la manifestación.

9. Los elementales piensan en lo que quieren y despliegan sus sentidos para verlo y sentirlo, y entonces aparece, porque ellos creen que así va a ser.
10. La manifestación consume energía. Cuanto más ancianos y fuertes son los elementales, tanto más capaces de manifestar lo que desean, porque disponen de más energía para ello.
11. Las formas tridimensionales que parecen sólidas están compuestas principalmente de espacio o éter. Los elementales tienen una mejor comprensión del éter y son más capaces de trabajar con él; por tanto pueden viajar en el tiempo y manifestar cosas con relativa facilidad.
12. Los principios para manifestar y retirar de la manifestación son los mismos.
13. Las manifestaciones elementales generalmente no tienen tanta fuerza vital y tanta sustancia como los elementos manifestados en la realidad tridimensional. No obstante, los elementales a menudo manifiestan cualidades en otras dimensiones que pueden ser percibidas y experimentadas en la realidad tridimensional, como chispa, entusiasmo y otras esencias embellecedoras.
14. Date cuenta de que muchas de las limitaciones respecto a lo que creemos poder hacer en el mundo humano tridimensional son imaginarias.
15. Lucha contra el descontento con lo que percibes como las «limitaciones humanas» disfrutando y expresando

los dones del reino elemental, como la risa, la alegría, la curiosidad y el entusiasmo; esto atrae a otros seres humanos y fomenta esas cualidades en ellos (página 84).

16. Cree que puedes hacer mucho más de lo que habías creído posible. Puedes manifestar casi cualquier cosa que desees. Este es un poder impresionante, pero para ello debes incrementar tu capacidad de concentración.

17. El miedo, añadido a la conciencia, hace que nunca se tomen riesgos en la vida.

18. Los elementales trabajan conjuntamente para sustentar pensamientos y para incrementar el poder de sus respectivas manifestaciones. Tratad de mejorar vuestra capacidad de concentración, de mantener el pensamiento y de pensar en grupo para incrementar el poder de vuestras respectivas manifestaciones.

19. La fuerza mental y la fuerza de la voluntad son la clave de la manifestación para todos los seres. Los seres humanos existen en una realidad más densa que los elementales, y por eso deben trabajar física y mentalmente para manifestar lo que desean. En general, las mentes humanas son más fuertes que las mentes elementales porque, para manifestar algo, los humanos necesitan superar la resistencia de su realidad más densa usando su voluntad. Este tipo de resistencia fortalece a los humanos. Por desgracia, hay muchos de mentalidad débil que se limitan a seguir los pensamientos y sentimientos de otros. No aprenden a ejercitar su propia mente porque eso requiere esfuerzo... Hay muchos más humanos que elementales que no están manifestando su potencial. Los humanos son demasiado pasivos. Pero los que manifiestan son mucho más fuertes que la mayoría de los elementales, aunque no suelen saberlo.

20. Manteniendo intensamente una imagen en su mente, el granjero suele obtener lo que imaginaba, pero aun así tiene que trabajar con la naturaleza para sembrar la semilla. Los humanos podrían crear alimentos maravillosos, preciosos jardines y árboles saludables si escucharan el deseo de la naturaleza, y si tuvieran la capacidad de visualizarlo cumplido.
21. En la tradición mística humana hay doce rayos de poder que crean nuestro mundo, y, para convertirnos en creadores, cada uno de nosotros debe aprender a usar los dones de cada rayo. Cinco de estos rayos (como el rosa) están fuera de la manifestación, lo que significa que se usan para disolver o eliminar aquello que ya no se necesita en el mundo.
22. El trébol de cuatro hojas indica el equilibrio de los cuatro elementos de la naturaleza: tierra, aire, fuego y agua. El fuego es el más elevado de los elementos. Tenéis un fuego en vuestro cuerpo que llamáis la energía kundalini. Esta energía kundalini transporta la fuerza vital del creador a través del canal energético que recorre vuestra espina dorsal. Este canal está conectado con los siete grandes centros energéticos de vuestro cuerpo que llamáis chacras. El fuego de la kundalini nutre estos chacras, que a su vez dan energía a todos los órganos a los que están conectados. Incluso vuestra sangre transporta la fuerza vital de la energía de fuego. El fuego es necesario para manifestar lo que uno quiere en ambos mundos. Es la chispa que activa toda manifestación.
23. Es necesario dominar y controlar los cuatro elementos para convertirse en un creador bien equilibrado que pueda crear en el mundo. Esto es lo que ha hecho el ser que creó este planeta, al que llamáis Dios. Pero el fuego

es el elemento más importante porque es necesario para crear cosas rápidamente en vuestro mundo tridimensional.
24. Los humanos deben lograr un equilibrio entre los elementos agua y fuego. El don del agua es la paz y la tranquilidad, el ser, el no hacer... El agua es el conductor a través del cual se mueven los elementos fuego, aire y tierra.
25. El aire/éter es el espacio dentro de toda materia. Controlando el aire, tanto los humanos como los elementales pueden viajar en el espacio, en el tiempo y entre dimensiones. El aire es un producto del espacio o éter.
26. Lo que visualizas tiene lugar en los éteres. Los humanos no tienen ni idea de que cada pensamiento que tienen queda registrado en los éteres. Cuanto más fuerte es el pensamiento, más intenso es el registro. Si los humanos imaginan agua limpia y bosques saludables, y llaman a los elementales para que los ayuden, pueden restaurar la salud de este planeta en muy poco tiempo.
27. Una persona que trabaja con la voluntad divina afecta a miles de personas que no lo hacen... Los humanos están cambiando. Debemos visualizar aquello en lo que se están convirtiendo y no insistir en la vieja imagen de lo que han sido.
28. Los maestros deben aprender las leyes de la polaridad y trabajar con las corrientes electromagnéticas de la Tierra para moverse entre dimensiones, y en el espacio-tiempo.
29. La Tierra provee el material en bruto para que los humanos trabajen y aprendan a ser creadores. El elemento tierra es necesario para crear formas.

30. Tu cuerpo etérico opera en la cuarta dimensión, y ha logrado lo que le pediste que hiciera. No obstante, en tu mente hay una gran resistencia a creer que puedes conseguir eso mismo en tu realidad tridimensional. Mientras te visualizas haciéndolo, una parte de tu mente te está diciendo que no puedes conseguirlo.

Lecturas recomendadas

Anderson, William and Hicks, Clive, *Green Man: The Archetype of our Oneness with the Earth*, HarperCollins, 1990.

Colum, Padric, *A Treasurv of Irish Folklore*, Crown Publishers, Nueva York, 1954.

Findhorn Community, *The Findhorn Garden*, Harper and Row, Nueva York, 1975.

Froud, Brian and Lee, Ala, *Faeries*-(un bellísimo libro ilustrado)

Gregory, Lady, *Visions and Beliefs in the West of Ireland*, Gerrards Cross, Smythe, 1970.

Helliwell, Tanis, *Pilgrimage with the Leprechauns: a true story of a mystical tour of Ireland*, Wayshower Enterprises, 2010.

Helliwell, Tanis, *Hybrids: So you think you are human*, Wayshower Enterprises, 2015.

Helliwell, Tanis, *The High Beings of Hawaii: Encounters with mystical ancestors*, Wayshower Enterprises, 2019.

MacLean, Dorothy, *To Hear the Angels Sing*, Lorian Press, 1980.

MacManus, Diarmuid, *Irish Earth Folk,* The Devin-Adair Company, Nueva York, 1959.

McGowan, Hugh, *Leprechauns, Legends and Irish Tales*, Victor Gollancz Ltd., Londres, 1988.

Mikkelson, Clifford, *How to Help Nature Spirits Clean Up the Environment*, Golden Gnome Press, PO Box 189, Birch tree, MO 65438, 1996.

Pogacnik, Marco, *Nature Spirits & Elemental Beings*, Findhorn Press, Forres, Escocia, 1977.

Roads, Michael, *Journey into Nature*, H. J. Kramer Inc., Tiburon, CA, 1990.

Rose, Carol, *Spirits, Leprechauns, and Goblins*, An Encyclopedia, WW. Norton, 1996

Small Wright, Machelle, *Behaving As If the God in All Life Mattered*, Perelandra, Warrenton, VA, 1987.

Tompkins, Peter, *The Secret Life of Plants* and *The Secret Life of Nature,* HarperCollins, 1997.

Findhorn Community, *The Findhorn Garden*, Harper and Row, Nueva York, NY, 1975.

Van Gelder, Dora, *Fairies*, Quest Books, Wheaton, IL., 1994.

Yeats, W. B., *Irish Fairy and Folk Tales*, Modern Library, Nueva York, 1893.

Sobre la autora

Tanis Helliwell, Maestra en Educación, es la fundadora del International Institute for Transformation (IIT), en el que desde enero del año 2000 ofrece programas para ayudar a las personas a convertirse en creadores conscientes para trabajar con las leyes espirituales que gobiernan el mundo. Tanis, una vidente del mundo moderno, ha traído conciencia espiritual a la vida de miles de personas durante más de 30 años.

Tanis es la autora de *The High Beings of Hawaii, Hybrids, Pilgrimage with the Leprechauns, Embraced by Love, Manifest Your Soul's Purpose* y *Decoding Your Destiny: Keys to Humanity's Spiritual Evolution.*

Estudia y enseña acerca de los misterios internos desde la costa norte de Vancouver, Canadá. Desde su infancia, Tanis Helliwell ha visto y oído a elementales, así como a ángeles, espíritus guías y maestros de otros planos. Durante 16 años llevó adelante una terapia para ayudar a las personas a realizar una transformación espiritual. Asimismo, ha organizado viajes y peregrinajes a sitios sagrados durante más de 20 años para ayudar a sanar la Tierra y para catalizar la transformación personal.

Es una conferenciante muy valorada con amplios y detallados conocimientos que abarcan un gran número de disciplinas espirituales. Ha disertado en conferencias junto con Rupert Sheldrake, Matthew Fox, Barbara Marx Hubbard, Gregg Braden, Fritjof Capra, y Jean Houston. Entre las conferencias mencionadas se encuentra la conferencia Science and Consciousness en Albuquerque; la World Future Society en Washington, DC; y las conferencias llamadas Spirit and Business que se dieron en Boston, Toronto, Vancouver y México. Tanis también disertó en Findhorn, Hollyhock, en la

A.R.E. (asociación de investigación e iluminación), de Edgar Cayce and Alice Bailey

Además de desempeño como terapeuta y viajes y talleres espirituales, trabajó por 30 años como consultora de empresas, de universidades y del gobierno para catalizar la transformación a nivel organizacional y para ayudar a las personas a alcanzar su potencial. Su compromiso es ayudar a las personas a desarrollar y mantener relaciones justas consigo mismas, con los demás y con la Tierra.

Índice

Agradecimientos i
Prefacio iv
1. Encuentro con los leprechauns 1
2. La señora O'Toole 9
3. La evolución de los leprechauns 15
4. La esencia del alimento 31
5. Tomar el camino superior 37
6. Día de mercado 43
7. Directrices para la manifestación 49
8. Tiempo fuera del tiempo 55
9. Un día cualquiera 71
10. Una cita nocturna 79
11. Comer fuera 91
12. El día de decir el nombre 97
13. Secretos 105
14. La iglesia y el *pub* 113
15. El elemental de mi cuerpo 123
16. Los antiguos 131
17. Tierra, aire, fuego y agua 141
18. Crímenes contra la Tierra 153
19. Trabajar juntos 159
20. Un ser del centro de la Tierra 169
21. La vuelta del embajador 179
22. Búsqueda de la visión 187
23. La llegada de los motoristas 195
24. Una charla junto al fuego 203
Epílogo 209
Apéndice 223
    Diez modos de trabajar con los elementales
    (para los humanos) 223
    Diez modos de trabajar con los humanos
    (para los elementales) 225
    Directrices elementales para manifestar 226
Lecturas recomendadas 233
Sobre la autora 234

Para escribirle a la autora, comprar libros, CDs y DVDs o para más información acerca de próximos viajes y talleres, contáctanos a:

Tanis Helliwell
1766 Hollingsworth Rd., Powell River, BC., Canada V8A 0M4
E-mail: tanis@tanishelliwell.com
Web sites: www.tanishelliwell.com
    www.iitransform.com

LIBROS:
Pilgrimage with the Leprechaun: a true story of a mystical tour of Ireland
Un verano con los duendes
Decoding Your Destiny: Keys to Humanity's Spiritual Evolution
Manifest Your Soul's Purpose
Hybrids: So You Think You Are Human
The High Beings of Hawaii: Encounters with Mystical Ancestors
Embraced by Love

DVDs:
1. Elementals and Nature Spirits
2. Spiritual Transformation: Journey of Co-creation
3. Take Your Soul to Work
4. Managing the Stress of Change

CDs
Series A — Colección de crecimiento personal: Dos visualizaciones
1. Path of Your Life / Your Favorite Place
2. Eliminating Negativity / Purpose of Your Life
3. Linking Up World Servers / Healing the Earth

Series B — Colección de misterios internos: Charla y visualización
1. The Celtic Mysteries / Quest for the Holy Grail
2. The Egyptian Mysteries / Initiation in the Pyramid of Giza
3. The Greek Mysteries / Your Male and Female Archetypes
4. The Christian Mysteries / Jesus' Life: A Story of Initiation
5. Address from The Earth/ Manifesting Peace on Earth

Series C – La serie de autosanación: Charla y visualización
1. The Body Elemental / Healing with the Body Elemental
2. Rise of the Unconscious / Encountering Your Shadow
3. Reawakening Ancestral Memory / Between the Worlds